Kulinarische Köstlichkeiten

Kartoffeln

Joseph Vogt

Kulinarische Köstlichkeiten

Kartoffeln

Mit 75 pikanten Rezepten
aus aller Welt,
exklusiv fotografiert
für dieses Buch
von
Hans Joachim Döbbelin

SIGLOCH
EDITION

Zum Titelbild auf Seite 2:
Wer könnte sich unsere Küche heute noch ohne Kartoffeln vorstellen? Daß sie ein fester Bestandteil unseres Speisezettels erst seit dem ausgehenden 18. Jahrhundert geworden sind, daran denkt man gar nicht mehr, so selbstverständlich sind uns die großen und kleinen Knollen geworden. Ihr Name kommt übrigens von der italienischen Bezeichnung „tartufo“ = Trüffel, mit der man die Kartoffel wegen der Ähnlichkeit anfänglich zusammenwarf.

Rechte Seite: Eine der frühesten uns bekannten farbigen Darstellungen der Kartoffelpflanze in Deutschland, ein handkolorierter Kupferstich aus Nürnberg, vermutlich Anfang des 17. Jahrhunderts entstanden.

Printed in Germany
Reproduktion: Eder Repros, Ostfildern
Satz: Setzerei Lihs, Ludwigsburg
Druck: W. Kohlhammer, Stuttgart
Papier: 135 g/m² BVS der Papierfabrik Scheufelen, Lenningen
Bindearbeiten: Buchbinderei Sigloch, Künzelsau
ISBN 3-89393-052-3

Solanum tuberosum. { 5. Frucht
6. 7. Saame
8–10. Würtzel } Erdbirn.

Auf den Spuren der Kartoffel

Über den Einfluß der Kartoffel auf die Entwicklung der Völker in Europa sind viele wissenschaftliche Arbeiten geschrieben worden. Kein Wunder – keine andere Kulturpflanze hat derart entscheidend die Ernährungswirtschaft geprägt wie die Kartoffel.

Um so erstaunlicher ist es, daß wir nur wenig über die eigentliche Heimat der Kartoffeln wissen. Es gab zwar auch schon früher Abenteurer und Botaniker, die die Spur der Kartoffeln in den von den Spaniern eroberten Andengebieten Südamerikas aufnahmen. Doch erst in den dreißiger Jahren unseres Jahrhunderts begannen Wissenschaftler auf Expeditionen, Genaueres über die südamerikanischen Wildkartoffeln herauszufinden. So entdeckte eine russische Expedition unter N. J. Vavilov und S. M. Bukasov 1926–1928, daß nicht eine einheitliche Form der Wildkartoffel, sondern eine Vielzahl verschiedenartigster knollenbildender Nachtschattengewächse als eigentliche Urgroßeltern unserer heutigen Kartoffeln in Frage kommen. Im Jahre 1939 untersuchte eine englische Expedition unter der Leitung des hervorragenden Kartoffelfachmanns J. P. Hawkes den Kartoffelanbau in den südamerikanischen Anden. Die Aufzeichnungen dieser Expedition wurden von dem in Cambridge lehrenden Agrarwissenschaftler R. N. Salaman ausgewertet und fanden 1949 in seinem Werk „The History and Social Influence of the Potato“ ihren Niederschlag.

Bisher sind etwa 200 knollentragende Solanum-Arten oder Nachtschattengewächse beschrieben worden, die sich entsprechend ihrer Anpassungsfähigkeit an die klimatischen Ver-

Poma de Ayala hat seinem zwischen 1584 und 1614 geschriebenen Traktat „Los Mezes i Años“ viele Zeichnungen beigefügt. Hier von links nach rechts: Legen der Saatkartoffeln, Jäten der Felder, Ernte, Füllen der Vorratsspeicher.

hältnisse des südamerikanischen Kontinents unterschiedlich ausgebreitet haben. Die im kältesten Klima gedeihende Wildkartoffel ist „Solanum acaule“, die man bis in Höhen von 4800 m antreffen kann – außerordentlich hoch also, gilt diese Höhe doch dort als absolute Schneegrenze. Nur wenig tiefer wachsen „Solanum ajanhuire“ und „Solanum juzepczukii“. Das sind Arten, die gelegentlich schon kultiviert wurden, deren Geschmack freilich so minderwertig ist, daß man auf sie nur in ausgesprochenen Notzeiten zurückgriff. Die allermeisten knollentragenden Solanum-Arten findet man in Zonen mit gemäßigtem Klima. Auch in einigen subtropischen Gebieten sind noch vereinzelte Arten anzutreffen.

Durch genetische Untersuchungen konnte man feststellen, daß nur ganz wenige dieser zahlreichen verschiedenen Arten als Stammformen unserer europäischen Kartoffel gelten können. Während russische Wissenschaftler auf die Solanum-Art der Insel Chiloe im südlichen Chile schließen, geht der englische Wissenschaftler Salaman unter Berücksichtigung früherer europäischer Beschreibungen und zahlreicher historischer Hinweise davon aus, daß es sich bei der Stammform unserer heutigen Kartoffel nur um „Solanum andigenum“ handeln könne. Diese Kartoffelform findet man vor allem in den Gebieten des nordwestlichen Argentinien, in Bolivien, Peru, Ecuador und in Kolumbien.

Die Kultivierung der Kartoffel wurde in Südamerika schon lange vor der Eroberung durch die Spanier betrieben. Zahlreiche Gräberfunde mit Formen oder mit Motiven von Kartoffeln deuten darauf hin, daß bereits im 3. Jahrhun-

Frauen der Aymara-Indios bei der Arbeit auf den steinigen Äckern. Die „Taclla", ihre einfache Hacke, benutzten die Indios schon zur Zeit der Inkas. Pellkartoffeln und Chuños mit scharfer Soße sind das tagtägliche Standardgericht. Auf dem Markt fragt kein Kunde nach der Handelsklasse der Kartoffeln.

dert n. Chr. der Kartoffelanbau eine wichtige Rolle gespielt hat. Ihren bedeutenden Aufschwung erlebte die Kartoffel aber erst, als die Inkas im 13. Jahrhundert die Herrschaft in den Andenstaaten übernahmen. Seit dieser Zeit wurden viele Gebiete, die wegen ihrer großen Trockenheit nicht für den Pflanzenanbau geeignet waren, durch ein kunstvoll angelegtes Bewässerungssystem in fruchtbares Kartoffelanbauland verwandelt.

Das Gebiet der Anden kann grob in zwei Zonen mit unterschiedlichen Höhenlagen gegliedert werden. In den tieferen Lagen werden vor allem Mais, Maniok und verschiedene Bohnenarten angebaut, während in den höhergelegenen Teilen die Kartoffel neben den Quinoa und Oca als Hauptanbaupflanzen kultiviert wird. Besonders die Indianerstämme der Quechua und der Aymara betrieben einen ausgesprochen intensiven Kartoffelanbau, dessen Schwerpunkt im Gebiet um den Titicacasee lag. Während heute der Kartoffelanbau in Chile auf moderne landwirtschaftliche Technologien umgestellt wurde, hat sich in den zuerst genannten Gebieten die Art und Weise des Kartoffelanbaus in den vergangenen Jahrhunderten nur wenig geändert. Wie schon zur Inkazeit wird die Bearbeitung des Bodens im Kollektiv der Familien vorgenommen. Als Werkzeug dient noch heute die sogenannte „Taclla" – eine Art Grabstock, da Pflüge und Zugtiere sehr selten sind. Zum Düngen nimmt man den Guano, einen besonders phosphorsäurereichen Stickstoffdung, der von den zahlreichen Seevögeln meterhoch auf den nahen Lobosinseln abgelegt wird. Daß uns so detaillierte Schilderungen der Anbaumethoden aus der Inkazeit zur Verfügung stehen, ist einem Inkanachkommen, Poma de Ayala, zu danken, der zwar in einem schwer lesbaren Spanisch, jedoch mit um so deutlicheren Handzeichnungen das Legen, die Pflege und die Ernte der Kartoffeln für die Nachwelt aufgezeichnet hat.

Die Kartoffeln dienen heute in diesen Gebieten unmittelbar der Ernährung der Bevölkerung, wobei ein Teil in gekochtem oder geröstetem Zustand sofort gegessen wird. Den größeren Teil jedoch verarbeitet man in einem altüberlieferten Entwässerungsverfahren zu Chuños, die lange haltbar bleiben. Chuños stellen noch immer eines der Hauptnahrungsmittel der Anden-Indianer dar.

Welche Bedeutung diese Chuños besaßen, wird aus Berichten deutlich, die die getrocknete Kartoffel als wichtigstes Tauschobjekt für Mais, Maniok, Kleider und Töpferwaren schon im ersten nachchristlichen Jahrtausend beschreiben. Die Inkas ließen überall in ihrem Herrschaftsgebiet sogar große Lagerhallen errichten, in denen Chuño-Vorräte angehäuft wurden. Bei Mißernten konnten die Bewohner somit vor dem schlimmsten Hunger bewahrt werden.

Aus den Kartoffeln stellten die Inkas auch eine Art Bier her, das sie Chicho nannten. Dazu wurden große Mengen Kartoffeln der Gärung ausgesetzt. Der destillierte Alkohol diente zudem als Grundlage für einen kräftigen Kartoffelschnaps.

Das Inkareich wurde 1529–1535 durch die Spanier unter Pizarro erobert – auf der Suche nach Gold und Silber. Die Bevölkerung wurde versklavt, Tausende starben in den Bergwerken. Daß überhaupt ein Teil von ihr diese grausame Zeit überlebt hat, ist der Kartoffel zu verdanken, die in der Form von Chuños die eingeborenen Bergarbeiter hauptsächlich ernährte. Welche große Bedeutung die weiß, rosa, blau oder violett blühenden Stauden mit ihren unförmigen Wurzelverdickungen für die Bevölkerung in Europa haben sollten, davon ahnten die spanischen Eroberer damals mit Sicherheit nichts. Für sie waren diese merkwürdigen Pflanzen bestimmt nichts weiter als ein exotisches Mitbringsel zu all dem geraubten Gold, das die Hauptrolle spielte.

Daß der legendäre englische Seefahrer Sir Francis Drake die Kartoffelpflanze, so wie hier dargestellt, von den Indianern geschenkt bekam, ist sicher eine erfundene Geschichte. Dennoch galt Drake lange Zeit als erster „Importeur" der Kartoffel nach Europa.

Die Verbreitung der Kartoffel in Europa

Wann, wie und durch wen die Kartoffel nach Europa kam, ist bis auf den heutigen Tag nie ganz genau geklärt worden. Wissenschaftler sehen einen Grund dafür darin, daß man anfänglich der Kartoffelstaude nur ungenügende Beachtung schenkte und somit nur wenige schriftliche Zeugnisse vorhanden sind, die uns präzise Auskunft geben. Daher möchte ich hier nur die eindeutig bekannten Marksteine aufzeigen, die den Weg der Kartoffel und ihren Siegeszug rund um die Welt kennzeichnen.

Allgemein gilt 1565 als das Jahr, in dem die Kartoffel nach Spanien und damit auf den europäischen Kontinent kam. Noch im Herbst des gleichen Jahres schickte König Philipp II. von Spanien dem kranken Papst Pius IV. sozusagen als Genesungsgeschenk ein Paket mit den bis dahin unbekannten Knollen. Daß schon gegen Ende des 16. Jahrhunderts der Kartoffelanbau in Spanien größere Beachtung fand, zeigt ein Dokument aus dem Hospital de la Sangre, in dem vom Handel mit „Papas", so die damals aus Südamerika übernommene Bezeichnung der Kartoffeln, die Rede ist.

In der Überlieferung schreibt man allgemein dem Engländer Francis Drake (1540–1596)

Rechts: Eine liebliche Idylle. Auf dem Stich von H. Knackfuß betrachtet der Kurfürst von Brandenburg mit seiner Familie die im Lustgarten zu Berlin gepflanzten Kartoffeln. Das war gegen Ende des 16. Jahrhunderts. Von einem Volksnahrungsmittel in Deutschland war die Kartoffel noch weit entfernt.

Ganz rechts: Das Gemälde von H. Koch aus dem Jahre 1911 (wahrscheinlich die einzige Kopie des verschollenen Originals von A. Warthmüller) zeigt Friedrich den Großen bei der Inspektion von Kartoffeläckern. Der Alte Fritz zwang seine Bauern mit dem berühmten „Kartoffelbefehl“ von 1756 zum systematischen Anbau der noch ungeliebten Pflanze.

das große Verdienst zu, die Kartoffel nach Europa gebracht zu haben. Obwohl dies nie bewiesen werden konnte, errichteten Bewunderer diesem englischen Seefahrer im badischen Offenburg ein Denkmal, das heute allerdings nicht mehr steht.

Wahrscheinlicher ist, daß ein Zeitgenosse Drakes, der berühmte Seefahrer und Entdecker Sir Walter Raleigh (1552–1618), die Kartoffel in Irland eingeführt hat.

Wir wissen, daß er auf seinem Gut Younghall die neue Frucht bereits angebaut hat. Ob die Engländer die Kartoffel während der großen See- und Eroberungsfahrten ihrer Marine direkt aus Südamerika oder als Beutegut von spanischen Faktoreien und Schiffen auf ihre Heimatinsel brachten, konnte bis heute noch nicht genau geklärt werden. Im Jahre 1597 erschien jedenfalls in England die erste Abhandlung über die Kartoffel, und zwar das Buch „The Herbal“, in dem der bedeutende Botaniker John Gerard eine kenntnisreiche und genaue Beschreibung der ihm damals bekannten Formen und Vegetationseigenschaften dieser neuen Ackerfrucht lieferte.

Erste zuverlässige Berichte über einen allgemein verbreiteten Kartoffelanbau in Irland liegen uns schon für das Jahr 1606 vor; merkwürdig, daß die Kartoffel in der irischen Literatur erst viel später, 1676, erwähnt wird. Da war freilich die Kartoffel schon von großer wirtschaftlicher Bedeutung geworden. In einer Sitzung der britischen Royal Society vom 20. März 1662 berichtete der Physiker Robert Boyle, daß viele Tausende von Iren ihre Rettung aus schwerer Hungersnot einzig und allein der Kartoffel zu verdanken hatten. Englische und irische Auswandererfamilien brachten die Kartoffel später nach Nordamerika, nach Schweden und Rußland.

Mitteleuropa verdankt die erste Verbreitung der Kartoffel den beiden Botanikern Philippe de Sivry aus Mons und Carolus Clusius aus Arras, der zwischen 1574 und 1588 am botanischen Garten in Wien, danach bis 1593 in Frankfurt am Main tätig war. Diesen beiden Wissen-

schaftlern gelangen, teils unabhängig voneinander, teils in gemeinsamer Arbeit, die ersten Erfolge einer genetischen Veredelung der Kartoffel, ohne die es wahrscheinlich nie möglich gewesen wäre, die Kartoffel in Europa zu einer allgemein verbreiteten Kulturpflanze zu machen.

Die Kartoffel kam sozusagen in mehreren Schüben nach Deutschland und Österreich; einige wichtige seien hier genannt. 1747 berichtet der deutsche Autor Hoppe, daß die Kartoffel 1620 von England nach Holland eingeführt wurde und von dort aus in die angrenzenden deutschen Gebiete gelangte. Ohne Umwege wurden Kartoffeln 1708 nach Mecklenburg und 1718 nach Breslau aus England importiert. Schon Ende des 16. Jahrhunderts hatte Herzog Julius von Braunschweig-Wolfenbüttel fünf Knollen vom englischen König erhalten und sie in seinem Garten anpflanzen lassen. Ins Erzgebirge gelangte die Kartoffel durch einen Bauernsohn aus Würschnitz, der einige Zeit in Schottland gelebt hatte.

Aber auch von Spanien über Italien kamen Kartoffeln nach Deutschland; so zum Beispiel die Pflanzen im Lustgarten des Landgrafen Wilhelm IV. von Hessen-Kassel Ende des 16. Jahrhunderts. In jener Zeit hießen die Kartoffeln noch „Tartouphli“ nach ihrer ursprünglichen italienischen Bezeichnung. Und aus diesem Wort ist ohne Zweifel der allmählich gebräuchliche deutsche Name Kartoffel geworden. Von Hessen-Kassel aus gelangte die neue Frucht 1591 an den Hof des Kurfürsten Christian I. von Sachsen, ohne dort jedoch allzu große Beachtung zu finden. Um 1594 kamen die ersten Kartoffeln nach Berlin an den kurfürstlichen Hof. Die Verbreitung in Baden, Braunschweig und Westfalen erfolgte unmittelbar danach. Aus Bayern und der Oberpfalz wird erst um 1716 über den Anbau der Kartoffel berichtet.

In den Jahren 1647/1648 brachte der Bauer Hans Roggler aus Selb die Pflanze mit ins Vogtland. Die Vogtländer gehörten auch zu den ersten in Deutschland, die den großen Wert der neuen Frucht erkannten. Von ihnen stammen

La pomme de terre y était depuis longtemps en usage et c'est pendant les longues heures et au milieu des privations de la captivité qu'il apprit à l'apprécier, car souvent ni lui ni ses compagnons n'avaient de pain. Il comprit alors, par sa propre expérience, de quelle utilité la pomme de terre pouvait être pour l'alimentation publique.

Ein Bilderbogen aus Epinal vom Ende des vergangenen Jahrhunderts erzählt die Geschichte der Kartoffel in Frankreich und ihres großen Propagandisten, des Apothekers Parmentier. Von links nach rechts: Parmentier lernt in preußischer Kriegsgefangenschaft die Kartoffel kennen; Soldaten bewachen Kartoffelfelder, die auf staatlichen Befehl hin angelegt wurden; nachts, während die Felder unbewacht bleiben, werden Kartoffelstauden gestohlen.
Die Bauern, die sich da heimlich mit den Kartoffelpflanzen davonmachten, ahnten nicht, daß sie auf eine List hereingefallen waren, denn nichts war dem Staat lieber, als daß sich seine Untertanen endlich mit der bislang verschmähten Pflanze anfreundeten. Friedrich der Große soll nach einer Anekdote auf die gleiche Art vorgegangen sein, um die Liebe zur Kartoffel zu wecken.

noch heute bekannte Beispiele der Verwendung und Zubereitung.

Nach einer anderen historisch verbürgten Geschichte über die Ausbreitung der Kartoffel übergab Antoine Seignaret, ein Hugenotte, im Jahre 1710 dem Vorsteher der deutschen Waldensergemeinde, Henri Arnaud, 200 Knollen der Augsburger und Nürnberger Kartoffel, auch „Engländerin" genannt. Durch geschickten Anbau und sorgfältige Pflege vermehrt Arnaud das Geschenk auf nahezu 2000 Knollen und verteilt sie als Saatgut an die Mitglieder der deutschen Waldensergemeinde. Ihrem Fleiß war es mit zu verdanken, daß der Kartoffelanbau in Deutschland und der Schweiz sich rasch ausbreitete.

Friedrich II. (1712–1786), der Alte Fritz, erkannte rasch, daß die neue Frucht eine entscheidende Abhilfe für die immer wieder auftretenden großen Hungersnöte versprach, und traf energische Maßnahmen zur Einführung der Kartoffel in Pommern und Schlesien. 1744/45 ließ er die Kartoffel in einer großen Kampagne in ganz Preußen kostenlos verteilen. Als alle seine Anstrengungen nicht den gewünschten Erfolg brachten, erließ er 1756 einen Befehl, der den Anbau von Kartoffeln für jeden seiner Bauern zur Pflicht machte. Dragoner wurden übers Land geschickt mit der Aufgabe, strengstens zu kontrollieren, ob der „Kartoffelbefehl" auch treu befolgt, die verteilten Pflanzkartoffeln auch wirklich angepflanzt und gehegt wurden.

Als der Siebenjährige Krieg (1756–1763) wieder einmal großes Elend und viel Hunger über die Bevölkerung brachte, gelang der Kartoffel der Durchbruch als Grundnahrungsmittel. Vorher vielfach nur als Viehfutter verwendet, war die Kartoffel nun oft das einzig Eßbare, das die Menschen hatten. Auch Franzosen und Russen lernten im Siebenjährigen Krieg die sättigende Knolle zu schätzen.

In Frankreich war es der junge Apotheker Antoine Augustin Parmentier (1737–1813), der die Kartoffel bekannt machte, die er in preußischer Kriegsgefangenschaft kennenge-

Or, voici que bientôt des pousses victorieuses apparurent, puis, se développant, tout ce terrain sur lequel on n'avait jamais vu que du sable, prit l'aspect d'une campagne florissante. On commença à croire que Parmentier avait raison. Celui-ci, fort malin, faisait garder en grand appareil par des soldats sa plantation durant le jour, soi-disant pour empêcher toutes déprédations.

Mais, la nuit venue, les gardes avaient ordre de se retirer : et alors une grande quantité de gens, attirés par l'attrait du fruit défendu, venaient en cachette voler des pommes de terre pour les planter dans leur propre jardin ou les manger. C'était précisément ce que voulait le bon Parmentier !

lernt hatte. In einer großen Propagandakampagne, deren kulinarische Praxis darin bestand, die Kartoffel bei Hofe in den verschiedenartigsten Varianten zu servieren, versuchte Parmentier, die Kartoffel sozusagen „gesellschaftsfähig“ zu machen und das überhebliche Mißtrauen der neuen Frucht gegenüber zu beseitigen. Als im Jahre 1770 wieder einmal eine fürchterliche Hungersnot in Frankreich herrschte, schlug Parmentier den Anbau der Kartoffel im großen Stil als einzig brauchbare Waffe gegen den Hunger vor. Dank seiner vorangegangenen intensiven und massiven Werbung wurde dieser Vorschlag allgemein ohne Zaudern in die Tat umgesetzt. Die damit erreichten Erfolge im Kampf gegen die Auszehrung brachten Parmentier eine Prämie der Akademie von Besançon ein. Seine Verdienste sind in Frankreich bis heute unvergessen.

Natürlich kann die Geschichte der Kartoffel in Europa nicht geschrieben werden, ohne auch manche Irrtümer und Kuriosa zu nennen, die sie auf dem Wege ihrer Ausbreitung begleiteten. Oft waren es falsch verstandene Anbaumethoden, die zu Mißernten führten. Häufig kam es auch vor, daß die Menschen nicht die Knollen, die in der Erde wuchsen, verzehrten, sondern die grünen Beeren oberhalb und sich dabei schwere Vergiftungen zuzogen. Es gab daher nicht wenige Menschen, die solche Vorkommnisse zum Anlaß nahmen, der Kartoffel todbringende Eigenschaften anzulasten. Und der Aberglaube tat ein übriges dazu. Immer wieder wurde beispielsweise behauptet, die neue Kulturpflanze sei ein aus dem Speichel des Teufels entstandenes Werk und beherberge die Sünde. Und bis heute gibt es Menschen, die allen Ernstes behaupten, der Kartoffelgenuß führe zu Schwachsinn, und die deshalb jeglichen Verzehr von Kartoffeln ablehnen. Abstruse Behauptungen, z. B. die Prophezeiung vom geistigen und sittlichen Niedergang der Kartoffelesser, waren zudem so lächerlich, daß sie geradezu als Werbung für die Kartoffel als Grundnahrungsmittel verstanden werden mußten. Einer dieser fanatischen Kartoffelgegner, der ansonsten weitgehend unbekannte Schriftsteller Heinrich von Wildungen, behauptete mit Nachdruck, daß durch den Genuß der Kartoffel der menschliche Verstand leide. Als er nun eines schönen Tages nichts Böses ahnend einen Kartoffelkuchen aß, der wie ein Biskuit aussah, und über sein Tun aufgeklärt wurde, meinte er in schwacher Verteidigung: „Meine Behauptung steht auf festem Boden, denn kaum habe ich Kartoffeln genossen, als ich auch schon nicht mehr weiß, was ich gegessen habe." Sprach's und ward seitdem als Kartoffelverächter wie als Poet vergessen.

Die lange verbreitete Ansicht von der Giftigkeit der Kartoffel führte übrigens dazu, daß ein anderes, auch aus Amerika stammendes Gewächs ihr zeitweise vorgezogen wurde: der Topinambur, den französische Siedler in Kanada im 17. Jahrhundert von den Indianern kennengelernt hatten. Obwohl nicht zu den Nachtschattengewächsen gehörend wie die Kartoffel, sondern zur Gattung der Sonnenblumen, bringen seine unterirdischen Ausläufer an ihren Spitzen der Kartoffel ganz ähnliche und etwa gleich große, spindelförmige Knollen hervor. Der Topinambur wird auch heute noch angebaut, vor allem in Frankreich und Italien, stellenweise auch in Südbaden. Die Knollen können zu einem leicht nach Nüssen schmeckenden Gemüse gekocht werden, lassen sich aber auch zu einem herzhaften Schnaps von ganz eigener Note brennen. Vor allem dienen sie allerdings als Viehfutter und heißen deswegen auch Roß- oder Pferdekartoffeln.

Wie rasch die Kartoffel, einmal anerkannt, ihren Siegeszug als schier unentbehrliches Grundnahrungsmittel fortsetzte, zeigt die nebenstehend abgebildete Verordnung der Straßburger Polizeiverwaltung aus dem Jahre 1790, die sich mit der Festsetzung der Kartoffelpreise beschäftigt.

PROCLAMATION
DE LA POLICE.

Le Département de la Police, instruit des difficultés qui se sont élevées au marché, sur le prix des pommes de terre, que l'on a dit avoir été fixé par Ordre de M. le Maire a jugé nécessaire de désabuser promptement le Public sur cet ordre évidemment supposé, & dont l'effet ne pourroit qu'entrainer des suites fâcheuses, en nuisant à la liberté que l'on doit entretenir sur les marchés: & sur le compte qui a été rendu à ce département du désordre momentané qui en est résulté aujourd'hui, il a paru juste d'indemniser les particuliers qui en avoient souffert.

Pour obvier aux abus de ce genre, & faire regner la plus grande liberté dans les marchés, le Public est averti, que ceux qui se permettront de supposer un ordre quelconque, ou d'employer aucuns moyens de contrainte, pour se faire délivrer des denrées non-taxées, à un prix qu'ils fixeroient eux-mêmes seront punis selon l'exigence des cas.

Les habitans de la campagne sont également prévenus de n'avoir aucun égard à ces faux bruits, & ils doivent bien assurés qu'en continuant à fréquenter les marchés de cette ville, ils seront protégés contre toute contrainte. On les invite seulement à ne point céder, les jours de marché, hors des portes leurs denrées aux revendeurs, mais à les étaler au marché à la disposition du Public.

Strasbourg le 7 Mai 1790.

Signé: Thomassin, Officier-municipal, chargé de la Police.

PAR ORDONNANCE
du Département de la Police

Guerin, Secrétaire,

Proklamation
der Polizey.

Das Policey-Departement, von den Schwierigkeiten benachrichtet, welche auf dem Markte in Ansehung des Preises der Erdäpfel entstanden sind, indeme man vorgegeben, daß solcher auf Befehl des Herrn Maire bestimt worden seye; hat für nöthig erachtet, ohnverweilt das Publikum über angeregtes so augenscheinlich fälschliches Vorgeben aus dem Irrthume zu ziehen, der nothwendigerweise schädliche Folgen haben müßte, weil derselbe der Freiheit schaden würde die auf dem Markte erhalten werden soll. Auch hat obbesagtes Departement, auf den Ihme, von der heute Morgens entstandenen augenblicklichen Unordnung abgestatteten Bericht, für gerecht erachtet, daß diejenigen, welche dadurch Schaden gelitten, eine Entschädigung erhalten. Damit aber solcherley Misbräuchen für's künftige vorgebeugt werde, und auf den Märkten die größte Freiheit herrsche; so wird dem Publikum angezeigt, daß diejenigen, welche sich unterfangen würden, einigen Befehl, was es auch für einer seyn mag, fälschlicherweise vorzuschützen, oder einige Zwangsmittel anzuwenden, um für einen durch sie selbsten willkührlich bestimmten Preiß, Waaren, die nicht taxirt sind, sich zu verschaffen, nach Beschaffenheit der Umstände gestraft werden sollen.

An die Landleute gehet hiermit ebenfalls die Erinnerung, daß auf solche falsche Gerüchte, wie das obangezeigte, im geringsten nicht zu achten ist, und daß sie in Sicherheit fortfahren können, auf die Märkte dieser Stadt zu kommen, allwo sie gegen allen Zwang geschützet seyn sollen. Nur ladet man sie ein, an den Markttägen ihre Waaren vor den Thoren nicht an Vorkäufer zu verhandlen, sondern dieselben zum Kauf für das Publikum auf den Markt zu stellen.

Straßburg den 7ten May 1790.

Unterschrieben: Thomassin, zum Policeywesen bestellter Municipal-Beamter.

Auf Verordnung des Policey-Departement
Guerin, Secrétarius.

Kleine Kartoffelbiologie

Nur wenige Pflanzen bieten so interessante und so vielseitige botanische Eigenschaften wie gerade die Kartoffel.
Schon die Zuordnung der Kartoffelknolle zu den Früchten ist in streng botanischem Sinne falsch. Ihre eßbaren Teile bestehen nämlich aus den stark entwickelten Verdickungen der Wurzelzweige im Ackerboden. Die wirklichen Früchte sind die über der Erde an der Staude sichtbaren grünen Beeren, die sich aus den Blüten entwickeln und keinesfalls zum Verzehr geeignet sind, enthalten sie doch einen hohen Anteil des giftigen Solanins, das in zahlreichen Nachtschattengewächsen vorkommt, so auch in unreifen Tomaten.
Jede Kartoffelsorte hat ihre eigene Blütenfarbe, ihre eigene Blütezeit und -dauer. Für die Züchtung neuer Kartoffelsorten spielen Blüten und Beeren eine bedeutende Rolle. Die von den Botanikern so genannte *generative Vermehrung* beruht auf der Vermehrung durch Samen, von denen circa hundert in einer einzigen reifen Beere enthalten sind. Bei der Züchtung einer neuen Kartoffelsorte beginnt man damit, zwei Kartoffelpflanzen mit vermehrungswerten Eigenschaften durch Übertragung von Blütenstaub zu kreuzen. Verläuft diese künstliche Kreuzung erfolgreich, wächst eine neue Kartoffelpflanze heran. Die Samen ihrer Beeren werden nun in ein spezielles Aussaatbeet gestreut, um kleine und kräftige Sämlinge zu erhalten. Nun beginnt die aufwendige und feinfühlige

Jede Kartoffelsorte hat ihre eigene prächtige Blütenfarbe. In den frühen Jahren der Kartoffel in Europa, als man noch wenig über die eßbaren, oft wunderlich geformten Knollen wußte, stand die bizarre Schönheit der Kartoffelblüte im Mittelpunkt des Interesses.

Arbeit der Zuchtspezialisten, eben jene Sämlinge auszuwählen, die die besten Erbanlagen aufweisen.

In der Bundesrepublik Deutschland werden in Pflanzgutvermehrungsbetrieben jährlich etwa eine Million Kartoffelsämlinge aufgezogen, von denen im ersten Wachstumsjahr schon rund 96 % verworfen werden. Nach sechs bis sieben Jahren mühevoller Zuchtauslese bleiben von den anfänglichen eine Million Sämlingen ganze 40 bis 50 Neuzüchtungen übrig. Um dann als neue Sorte zugelassen zu werden, müssen sie noch eine drei Jahre dauernde Leistungsprüfung über sich ergehen lassen, in der ihr Ertrag und die Widerstandsfähigkeit gegen Krankheiten gemessen und geprüft werden. Lediglich acht bis zehn Neuzüchtungen bestehen diese strenge amtliche Sortenprüfung und werden dann für einen begrenzten Zeitraum als anerkanntes Vermehrungsgut zugelassen – sozusagen die TÜV-Prüfung für Kartoffeln.

Nun kann die Vermehrung vorgenommen werden, bei der die ausgewählten Kartoffelknollen einzeln 5 cm tief und im Abstand von 30 bis 35 cm in einen vorbereiteten Boden eingebracht werden. Die Kartoffelknolle besitzt eine Reihe von Knospenanlagen, „Augen" genannt, aus denen in kurzer Zeit Pflanzen mit Sproß und Wurzeln wachsen. Einige dieser Sproßteile bleiben unter der Erdoberfläche

Die Züchtung von neuen Sorten und die Erhaltung gesunden Saatguts bei bewährten Kartoffelsorten geschieht in großen Saatgutbetrieben. Abertausende von Saatgutpflanzen werden jedes Jahr in sorgsamer Pflege neu herangezogen, vom behüteten Keimling im Topf bis zur Auspflanzung auf besonderen Zucht- oder Prüffeldern.

und bilden dort Zweige (Stolonen), an deren Enden sich wiederum neue Knollen entwikkeln. Die heranwachsende Pflanze entnimmt ihre Aufbaustoffe anfänglich ausschließlich der Mutterknolle. Erst wenn die junge Pflanze Wurzeln geschlagen und über der Erde grüne Blätter gebildet hat, kann sie sich selbst ernähren. Für die Nährstoffbildung sind die grünen Pflanzenteile bekanntlich besonders wichtig, da in ihnen die Umwandlung der Sonnenenergie und des Kohlendioxids zusammen mit Wasser und den Mineralstoffen aus dem Boden in Kohlehydrate, Eiweiß, Fett und andere organische Stoffe erfolgt, die dann in den neuen Knollen gespeichert werden.

Da sich bei dieser vegetativen Vermehrung keine Auffrischung der Erbanlagen vollzieht, erfolgt allmählich ein „Abbau", ein Nachlassen der positiven Eigenschaften und eine Zunahme der unerwünschten Auswüchse. Der Abbau einer Sorte äußert sich durch Ertragsrückgang und vermehrtes Auftreten von kranken Kartoffeln, denn die Resistenzfähigkeit gegenüber Viruskrankheiten nimmt ab, je öfter eine Kartoffelsorte aus sich selbst heraus vermehrt wird. Diesem biologischen Abbau der Kartoffelsorten kann vorgebeugt werden, wenn ein möglichst häufiger Pflanzgutwechsel, d. h. der Zukauf von frischem und gesundem Pflanzgut, vorgenommen wird. Der Kartoffelanbau setzt also gute botanische Kenntnisse voraus und widerlegt den oft noch gehörten spöttischen Spruch: „Die dümmsten Bauern ernten die größten Kartoffeln."

Gelda
Cosima

Wer sich an den Kartoffelanbau wagt, muß die Vielzahl der angebotenen Sorten genau studieren, um die für seine Anbauziele wirtschaftlich beste Sorte auszuwählen. Durch eine laufende Sortenbereinigung und -empfehlung staatlicher Saatanbauämter wird diese Aufgabe heute wesentlich erleichtert. Daß dies jedoch nicht immer so war, zeigen Berichte von früher, über die wir heute nur noch lächeln können. So wird uns von einer internationalen Kartoffelausstellung in Altenburg aus dem Jahre 1875 berichtet, auf der sage und schreibe 2644 verschiedene Kartoffelsorten vorgestellt wurden. Diese unüberschaubare Sortenvielfalt führte jedoch bald zu der Erkenntnis, daß einer wirtschaftlich sinnvollen Ackerwirtschaft eine derart unkontrollierte Sortenvermehrung nur schaden würde. Aus dieser Einsicht heraus wurde die deutsche Kartoffelbau-Gesellschaft gegründet, die es sich zur Hauptaufgabe machte, Sorten zu bereinigen und eine Auslese zu treffen. Schon im Jahre 1917 waren die zugelassenen Sorten auf etwa 1000 reduziert. Heute kennen wir noch rund 120 Sorten, die sich in etwa 80 Sorten Speisekartoffeln und 40 Sorten Futter- und Fabrikkartoffeln aufteilen.

Sicher stellen Sie sich die Frage, warum eigentlich auch heute noch so viele Sorten notwendig sind, ob es nicht sinnvoller wäre, eine Beschränkung auf nur einige wenige vorzunehmen. Dazu ist zu sagen, daß die einzelnen Kartoffelsorten verschiedene Ansprüche an Boden, Klima, Düngung und Anbaumethoden stellen und mit der Wahl einer geeigneten Sorte den jeweiligen örtlichen Verhältnissen entsprochen werden kann. Andererseits sind auch die unterschiedlichen Forderungen der Verbraucher nach Geschmack, Beschaffenheit und Aussehen „ihrer" Kartoffeln zu erfüllen.

Daraus ergibt sich, daß nur durch eine ausreichende Auswahl verschiedener Kartoffelsorten alle Vorstellungen und Wünsche zu erfüllen sind. Der Kartoffelzüchter von heute muß daher immer wieder aufs neue versuchen, die verlangten Eigenschaften mit den für sein Anbaugebiet höchst erreichbaren Ernteerträgen zu verbinden. Im folgenden sind die einzelnen Kartoffelsorten nach ihren gemeinsamen Eigenschaften in Gruppen zusammengefaßt, so daß ein allgemeiner Überblick über die zu den verschiedenen Jahreszeiten angebotenen Ackerfrüchte erleichtert wird.

Zwei wesentliche Unterscheidungsmerkmale bei den Kartoffeln sind Reifezeitpunkt und Kocheigenschaften. Nach dem Reifezeitpunkt unterscheiden wir:

Sehr frühe Sorten

Diese kommen in der Regel aus Malta oder anderen südlichen Ländern, in denen dank fehlender Bodenfröste eine frühe Kartoffelpflanzung möglich ist. Heute geht man in immer mehr Ländern dazu über, durch einen sogenannten Folienanbau – vorgekeimte Kartoffeln werden unter einer Plastikfolienabdeckung aufgezogen und sind vor den absinkenden Nachttemperaturen geschützt – diese vom Verbraucher besonders geschätzten und entsprechend gut bezahlten Kartoffeln sehr früh auf den Markt zu bringen, schon ab Ende März.

Frühkartoffeln

Frühkartoffeln aus Deutschland gelangen ab Anfang Juni in den Handel. Sie werden hauptsächlich in der Pfalz, am Niederrhein, am Kaiserstuhl und im östlichen Niedersachsen angebaut. Frühkartoffeln gelten als ausgesprochene Delikatesse und sollten daher nicht geschält werden. Kräftiges Abbürsten der Schale unter fließendem Wasser genügt! Für eine längere Lagerung sind sie allerdings nicht geeignet, da die zarte Schale sie höchstens zwei bis drei Wochen unbeschadet überstehen läßt.

Mittelfrühe Sorten

Diese werden meist ab Anfang August geerntet und lösen die Frühkartoffeln am Markt ab. Ihre Lagerfähigkeit geht etwa bis zum Jahresende, bei manchen Sorten bis ins Frühjahr. In diese Gruppe gehört eine ganze Anzahl unserer besten Kartoffelsorten.

Eine neue Kartoffelsorte beim abschließenden Test durch amtliche Prüfer in der Probierküche. Beim vorgeschriebenen dreijährigen Versuchsanbau auf Sortenprüffeldern gibt es nach jeder Ernte das gleiche Probiergericht: Pellkartoffeln ohne Salz. Jeder Prüfer beurteilt unter anderem Geschmack, Beifärbung, Festigkeit, Mehligkeit. Schon zugelassene Kartoffelsorten werden zum Vergleich mitgekocht. Nach erfolgreich bestandener Prüfung werden die neuen Sorten den verschiedenen Kochtypen zugeordnet.

Späte Sorten

Sie stellten früher die eigentlichen Einkellerungskartoffeln dar und überbrückten die Wintermonate bis zur ersten neuen Ernte. Wegen ihres hohen Stärkegehaltes sind sie jedoch sehr mehlig und deshalb weniger schmackhaft. So ziehen immer mehr Haushalte die fester kochenden mittelfrühen den späten Sorten vor.

Ein für die Beurteilung der Verwendungsfähigkeit von Kartoffeln immer wichtigeres Merkmal ist der Stärkegehalt. Denn er bestimmt, ob die Kartoffel beim Kochen fest bleibt oder leicht zerfällt – ein Kennzeichen, das für die unterschiedlichen Kartoffelgerichte von großer Bedeutung sein kann. Nach der neuen Handelsklassenverordnung vom März 1985 müssen Speisekartoffeln in folgende drei Kochtypen eingeordnet werden:

Festkochende Sorten

Auch Salatkartoffeln genannt, behalten diese beim Kochen ihre Form. Sie eignen sich vornehmlich für jene Gerichte, bei denen ein Zerkochen der Kartoffeln nicht erwünscht ist. So nimmt man diese Sorten gerne für Kartoffelsalat, verwendet sie als Salz-, Pell- oder Bratkartoffeln und für bestimmte Eintopfgerichte.

Vorwiegend festkochende Sorten

Sie besitzen einen Stärkegehalt bis zu 15 %, bleiben aber beim Kochen recht fest, was sie gerade für die Herstellung von Pommes frites und Rösti besonders geeignet macht. Auch als Salz- und Pellkartoffeln sind sie aufgrund ihres festen Garzustandes sehr beliebt.

Mehlig kochende Sorten

Diese zerfallen wegen ihres außerordentlich hohen Stärkegehaltes beim Kochen oft völlig, so daß sie sich vor allem für solche Gerichte eignen, bei denen pürierte Kartoffeln gebraucht werden. Sie haben außerdem eine gute Bindefähigkeit, wenn Flüssigkeiten hinzugefügt werden.

Das Gelingen eines Kartoffelgerichtes hängt also sehr häufig vom richtigen Kochtyp ab, und es ist sicher ratsam, sich nicht auf lediglich eine Kartoffelsorte festzulegen, sondern sich je nach Rezept die geeignete Kartoffel herauszusuchen. Dabei helfen Ihnen die Angaben der Händler auf dem Verpackungsmaterial.

Bei den Rezepten ab Seite 52 in diesem Buch haben wir dort, wo es für das Gelingen eines Rezepts sehr wichtig ist, entsprechende Hinweise aufgenommen.

Rechte Seite oben: Die beiden alten Plakate aus Frankreich und Deutschland machen deutlich, daß man die immens gewachsene Bevölkerung ohne die Kartoffel gar nicht ausreichend hätte ernähren können – vor allem in Kriegszeiten nicht, wie das französische Plakat aus der Zeit des Ersten Weltkriegs zeigt, das zu mehr Kartoffelanbau aufruft, damit die Soldaten nicht hungern müssen.

Unten: Heinrich Zille zeichnete die nebenstehende Geburtstagskarte, auf der der sprichwörtliche Berliner Mutterwitz ein Stück Kartoffelgeschichte vorwegnimmt. Der Hausfrau wären damals Saatkartoffeln, die zu fertigen Puffern heranwachsen, sicher recht gewesen. Wir haben es heute leichter: Fast fertige Kartoffelpuffer kann man in der Tüte kaufen.

RÉPUBLIQUE FRANÇAISE
Ministère de l'Agriculture
Semez
des Pommes de terre
Pour les Soldats
Pour la France

Die
Kartoffel
rettete
Deutschland!
Das ist auch weiter ihre Aufgabe!
Vorräte an Trockenkartoffeln und
an Stärke müssen uns unabhängig
machen von den gefährlichen
Ernteschwankungen!
Darum:
Baut mehr Kartoffeln!
Erhöht die Erträge durch
Auspflanzen bester Saatkartoffeln,
durch Saatwechsel, gute Düngung
und gute Pflege
Auskunft erteilt die
Kartoffelbau-Gesellschaft
Berlin, Bernburgerstr. 15-10

Prima SaatKartoffeln
Erna Fitze
Müllerstr.
H. Zille seinem lieben Charles Behre zum Geburtstag Juni 1923.
Berlin-Wedding. „Was, das nennen Sie SaatKartoffeln? Die sind ja schon ganz breiig!"
„Det is ja grade det Schöne! Wenn Se die in die Erde stecken, denn
ernten Se Kartoffelpuffer!"

Ordnung muß sein – auch für Kartoffeln

Seit dem 15. März 1985 gibt es in der Bundesrepublik Deutschland wichtige neue Bestimmungen für Speisekartoffeln und Speisefrühkartoffeln, die die alte Verordnung vom Juli 1971 ersetzt haben. Sie sollen die Güte kennzeichnen und dem Verbraucher den Kauf der Ware erleichtern. Diese geänderten Vorschriften in der Handelsklassenverordnung gelten grundsätzlich für alle Kartoffeln, die an den Verbraucher abgegeben werden, ausgenommen solche, die der Kunde oder Verbraucher direkt vom Hof des Erzeugers selbst abholt. Wichtige Punkte aus dieser neuen Verordnung sind:

Speisekartoffeln dürfen nur nach den Handelsklassen Extra und I angeboten werden.

Nur solche Speisekartoffeln gehören auf den Markt, die sortenrein, gesund, ganz, fest und praktisch sauber sind. Speisekartoffeln der Klassen Extra und I müssen einen Mindestdurchmesser von etwa 3 cm, bei runden Sorten von 3,5 cm haben (eine Ausnahme wird nur bei Frühkartoffeln gemacht). Der Anteil von nicht qualitätsgerechten Kartoffeln ist je nach der Handelsklasse gesondert geregelt. Bei der Klasse Extra dürfen es nicht mehr als 5 % sein, bei I nicht mehr als 8 %.

Waren bisher bestimmte Füllgewichte gesetzlich vorgeschrieben, kann nun in beliebigen Mengen abgepackt werden. Im Einzelhandel und auf Wochenmärkten dürfen Kartoffeln auch lose verkauft werden. Auf der Verpackung müssen Handelsklasse, Sortenbezeichnung, Kochtyp, Einfüllgewicht in Kilogramm und die Anschrift des Betriebes, der die Kartoffeln abgepackt hat oder sie verkauft, deutlich angegeben werden. Kleinpackungen bis zu 5 kg Gewicht dürfen überhaupt keine qualitätsmindernden Kartoffeln oder fremde Bestandteile wie Erde oder lose Keime mehr enthalten.

Mängel bei der Qualität können unterschiedlichste Ursachen haben, z. B. Boden- und Witterungseinflüsse, Fehler in der Anbautechnik, Aufbereitungs- und Lagerungsfehler, Krankheiten und Schädlingsbefall.

Bei guten Lagerbedingungen ist wohl die Einkellerung im Winter immer noch billiger als der Kauf je nach Bedarf in kleinen Mengen. Wer Kartoffeln einlagern will, um einen preiswerten Wintervorrat zu haben, sollte einige wichtige Punkte beherzigen, damit die Qualität der Kartoffeln möglichst lange erhalten bleibt.

Je nach Verwendungszweck kann man beim Handel zwischen großer und kleiner Sortierung wählen. Sie sollten jedoch immer darauf achten, daß Ihre Einlagerungskartoffeln schalenfest und ausgereift sind. Speisekartoffeln zum Einkellern sollten gesund, unbeschädigt, gut sortiert, trocken und sauber sein. Achtung: Verschiedene Sorten auf keinen Fall mischen!

Die Kartoffeln höchstens 40 cm hoch auf einem etwas erhöhten Lattenrost aufschütten.

Die Lagerräume im Keller sollten kühl, trocken, frostfrei und abgedunkelt sein; es sollte vor allem keine direkte Sonneneinstrahlung auf die Kartoffeln fallen. Werden die Kartoffeln mit Papier oder Säcken abgedeckt, wird ein vorzeitiges Schrumpfen verhindert. Die günstigste Lagertemperatur liegt bei 4° C.

Verwenden Sie keimhemmende Mittel, so sollten Sie sehr genau auf die Gebrauchsanweisung sehen und danach vorgehen. Je nach dem benutzten Mittel dürfen Sie 42 bis 80 Tage lang diese Kartoffeln nicht verwenden, damit das Mittel abgebaut werden kann. Halten Sie stets die vom Hersteller vorgeschriebene Wartezeit ein!

Knollen, die ausgekeimt sind, nur für den täglichen Bedarf abkeimen.

Auf keinen Fall sollten Sie Kartoffeln in einem Folienbeutel oder in ähnlichen Behältnissen aufbewahren.

Der Kartoffelanbau war früher eine arge Plackerei. Erst allmählich lösten Maschinen die mühselige Handarbeit ab. Unten ein Kartoffelroder etwa von 1900.

Kartoffelerntemaschine „Neu-Ideal“.
H. Kaulfersch, Maschinenfabrik, Friedland i. B.

Industrielle Kartoffelverwertung

Schon bald nach der Einführung der Kartoffel in Europa erkannte man, daß die Aufbewahrung von frischen Kartoffelknollen über längere Zeit mit sehr großen Problemen verbunden ist. Ihr Wassergehalt macht sie außerordentlich frostempfindlich und läßt sie schnell in Fäulnis übergehen. Außerdem ist die Kartoffel ein geradezu idealer Nährboden für allerlei Mikroorganismen, besonders dann, wenn Kartoffeln schon bei der Ernte beschädigt worden sind. Natürlich unterliegt die Kartoffel wie jeder andere organische Stoff auch den biochemischen Abbauvorgängen der nährstoffeigenen Enzyme, die sie schon bald nach der Ernte ungünstig verändern.

Diese Tatsachen haben schon die Bewohner im alten Peru bewogen, die Kartoffel länger haltbar zu machen. Eine bis zum heutigen Tage dort angewandte Methode besteht darin, sie gleich nach der Ernte zu entwässern, wodurch sie praktisch fast unbegrenzt haltbar gemacht werden können. Die Kartoffeln werden dabei zehn bis zwölf Tage unzerkleinert auf Strohmatten gelegt und in einer Höhe von 3000 bis 4500 m der Witterung ausgesetzt, tagsüber der brennenden Sonne, nachts dem eisigen Frost. Durch diese Hitze- und Kältebehandlung werden die Kartoffeln nach einiger Zeit weich und runzlig. Dann werden sie vorsichtig so lange geknetet, bis die Flüssigkeit fast völlig daraus entfernt ist. Anschließend läßt man die Kartoffeln noch einmal einige Tage in der Sonne trocknen, bis sie steinhart werden und nun fast unbegrenzt aufgehoben werden können. Diese Chuños kaut man entweder im Mund weich, oder man läßt sie in Wasser wieder aufquellen, um sie anschließend weiterzuverarbeiten.

Auch in Europa wurde mit verschiedenen Methoden versucht, Kartoffeln über längere Zeit haltbar zu machen. So läßt sich in der „Oekonomisch-technischen Encyklopaedie“ aus dem Jahre 1785 nachlesen, wie man zu jener Zeit die Konservierung von Kartoffeln für richtig hielt:

„Man kann auch die Kartoffeln trocknen, und sie in getrocknetem Zustand aufbewahren. Es werden nämlich die Kartoffeln in einem Mauerkessel meist gar gekocht, und, wenn sie erkaltet sind, abgeschält und in dicke Scheiben zerschnitten. Wenn das Brot aus dem Backofen gezogen und derselbe etwas verschlagen ist, wird der Herd, welcher vor dem Einschieben des Brotes schon einmal gefegt worden ist, abermals gefegt, und alsdann werden die Kartoffelscheiben darauf ausgebreitet, daß sie völlig trocknen. Diese gedörrten Kartoffeln hebt man im Beutel oder in Tonnen auf und hat daran eine der bereitsamsten Dauerspeisen im Frühling und Sommer.“

An anderer Stelle wird eine Methode genannt, die auf einen Wettbewerb der Königlichen Gesellschaft der Wissenschaften in Göttingen zurückgeht. Sie hatte im Jahre 1758 folgende Frage an die gelehrte Welt gestellt:

„Kann man ein gesundes und auf etliche Wochen haltbares Brot aus Tartüffeln backen?“ (Tartüffeln war das in weiten Teilen Deutschlands übliche Wort für Kartoffeln.)

Den Preis für die beste Lösung dieses Problems erhielt Professor Titus aus Wittenberg, der gewaschene Kartoffeln, „würfelich“ geschnitten, in Sieben über dem Ofen getrocknet und „dürre“ gemacht hatte. Die auf diese Weise getrockneten Würfel ließ er dann in einer ordentlichen Mahlmühle zu Mehl machen, das nun zu allerlei Gebäck verwendet werden konnte.

Gegen Ende des 18. Jahrhunderts erschienen erste gelehrte Abhandlungen darüber, was man alles aus Kartoffeln herstellen konnte und wollte. Der Titel des abgebildeten Buches verrät, welch vielfältige Verwendungsmöglichkeiten man schon damals entdeckt hatte.

Die Bereitung des Stärkemehls aus Kartoffeln.

Oder:

Kurze und gründliche Anweisung, die Kartoffeln auf die möglich höchste Art zu benutzen und aus ihnen Syrup, Zucker, Wein, Branntwein und Essig zu bereiten, sie auch zur Herstellung eines gesunden wohlschmeckenden Bieres und eines köstlichen Ciders anzuwenden u. s. w.

Aus
dem Französischen des Herrn L. Fr. Dubief übersetzt
und mit einigen Zusätzen vermehrt

von

Dr. Carl Wilhelm Ernst Putsche,

Prediger zu Wenigen-Jena, der Jenaischen Ephorie Adjunct und mehrerer gelehrten und ökonomischen Gesellschaften Mitgliede.

Mit 3 lithographirten Tafeln.

Ilmenau, 1831.

Druck, Verlag und Lithographie von Bernh. Fr. Voigt.

Es gäbe noch viele Beispiele aus den Anfängen einer gewerbsmäßigen Kartoffelkonservierung, die auch immer notwendiger wurde, denn die ständig steigenden Anbauflächen brachten auch eine ständig steigende Produktion mit sich. So machte es immer größere Schwierigkeiten, die überschüssigen Erntemengen einer rationellen Verwertung zuzuführen und sie entsprechend lange zu lagern, um in weniger ertragreichen Zeiten eine Reserve zu haben. Gleichzeitig kam man auch auf andere Verwertungsmöglichkeiten und begann, die Kartoffel nicht mehr bloß als Speise und Futtermittel zu verwenden. Der relativ hohe Stärkegehalt fand nun Verwendung als Alkoholrohstoff, aus dem wiederum vielseitigste Produkte gewonnen wurden. Bald gab es immer mehr Dinge im täglichen Bedarf, die ihre Existenz in irgendeiner Form der Kartoffel zu verdanken hatten. Besondere Verfahren, Puder, Farbstoffe, Gummi, Kunststoffe und vieles andere mehr herzustellen, wurden patentiert. Später löste der billigere und ergiebigere Rohstoff Öl die Kartoffel ab.

Nach dem Zweiten Weltkrieg schlug man eine neue Richtung für die Veredelung der Kartoffel ein. Man begann damit, Kartoffeln so vorzubereiten, daß sie für den Endverbraucher leichter und schneller zu handhaben waren. Die Kartoffel wurde nicht mehr ausschließlich getrocknet, sondern man kam auch auf andere Konservierungsverfahren, die vor allen Dingen den Geschmack nicht in dem Maße, wie das bislang üblich war, verminderten. So machten wir in Deutschland Bekanntschaft mit den aus Amerika stammenden, in Fett gebackenen und gesalzenen Kartoffelscheiben und -stäbchen, den Chips, und natürlich auch mit den heute nicht mehr wegzudenkenden Pommes frites. Aus England kam ein Produkt zu uns, das sich abgekürzt POM nannte (*P*otatoes in *o*ne *m*inute – zu deutsch: Kartoffeln in einer Minute), und zum erstenmal erhielt damit die deutsche Hausfrau ein Pulver, aus dem sich mit wenigen Handgriffen in allerkürzester Zeit ein schmackhaftes Kartoffelpüree herstellen ließ. Auch die deutschen Hersteller erkannten den neuen Trend, daß immer mehr Hausfrauen nach Produkten griffen, die ihnen die lästige und zeitraubende Vorarbeit des Waschens, Schälens und Reibens der Kartoffeln abnahmen. In der Chronik einer Kartoffelverarbeitungsfabrik las ich folgende Mitteilung eines Mitarbeiters, der 1949 an der Entwicklung des Knödels aus der Tüte mitgearbeitet hatte:

„Jeden Tag mußten 10 Proben hergerichtet werden. Bei diesen Versuchen kam auch unser Chef ins Schwitzen, denn er half kräftig mit. Sogar zuhause führte er noch mit getrockneten Kartoffeln und Kartoffelstärke Versuche durch.“

So entstand nach dem Zweiten Weltkrieg innerhalb weniger Jahre ein Markt, der immer zahlreichere und qualitativ bessere Produkte als Veredelungserzeugnisse aus Kartoffeln hervorbrachte.

Ende der fünfziger Jahre schon waren Kartoffelpüree in Flockenform, tiefgefrorene Pommes frites, vorgefertigte Reibekuchen und Knödelpulver aus der Tüte keine Seltenheiten mehr in der deutschen Alltagsküche. Die Entwicklung ging stürmisch weiter. Der Anteil von Halb- oder Fertigprodukten aus Kartoffeln nahm bis zum heutigen Zeitpunkt ständig zu. Etwa ein Viertel der jährlichen Speisekartoffelernte macht heute den Umweg über die sogenannte Veredelungsindustrie. 1983 waren es in der Bundesrepublik 1,2 Millionen Tonnen. Im Pro-Kopf-Verbrauch von jährlich 74 kg Kartoffeln sind heute bereits 22 kg Veredelungsprodukte enthalten. Hier eine kurze Übersicht über die handelsüblichen Produktgruppen

Kloßmehl

Man kann zwischen drei verschiedenen Arten wählen, die sich aus rohen, gekochten oder zur Hälfte aus rohen und gekochten Kartoffeln zusammensetzen. Kloßmehl hat den Vorteil, kalt zu quellen, d. h. es muß nur in kalte Flüssigkeit eingerührt werden und ca. 10 Minuten quellen. Danach kann man die Klöße schon anfertigen. Sie sind durch Zugaben nach Belieben geschmacklich abwandelbar.

Fertigpüree

Es wird in Form von Flocken, Granulat oder Pulver angeboten; wenige Minuten nachdem es in heiße Milch oder heißes Wasser eingerührt wurde, ist es schon tischfertig.

Kartoffelsuppenpulver

Solche Pulver braucht die Hausfrau nur noch in kochendes Wasser einzurühren, und schon ist die Suppe fertig.

Tiefgefrorene Kartoffelerzeugnisse

Die Produkte braucht man vor dem Servieren nur noch zu erhitzen. Die Angebotspalette ist außerordentlich vielseitig. Denken Sie nur an Kroketten, Knödel, Pommes frites, Reibekuchen oder Herzoginkartoffeln.

Knabbergebäck

Knabbergebäck aus Kartoffeln ist seit vielen Jahren ein sehr beliebtes Veredelungserzeugnis in Form von Chips oder Sticks (dünnen Streifchen), die knusprig gebacken, mit Salz, Paprika oder anderen Geschmackszusätzen und Gewürzen behandelt sind. Allerdings weisen diese Knabbergebäcksorten durch ihre spezielle Fettbehandlung einen sehr hohen Kaloriengehalt auf (ca. 568 kcal pro 100 g Kartoffelchips).

Kartoffelkonserven

Darunter versteht man geschälte, vorgekochte Kartoffeln, die in Dosen oder Gläsern als Vollkonserven oder in Folienbeuteln als Halbkonserven auf den Markt kommen. Meist sind sie bereits vorgesalzen und nach nur kurzem Erhitzen tischfertig.

Der Verbraucher kann heute schon zwischen 40 verschiedenen Produkten wählen, die von den Herstellern des In- und Auslandes angeboten werden. Es muß natürlich darauf hingewiesen werden, daß nicht alle Produkte noch gleichermaßen eine individuelle Geschmacksveränderung und -veredelung zulassen. Man kann sagen: Je höher der Vorfertigungsgrad, desto weniger wird eine persönliche Geschmacksgestaltung noch möglich sein.

Vorige Doppelseite: Der Kartoffelanbau ist heute weitgehend mechanisiert. Oben ein fast vollautomatischer Kartoffelleger. Wer denkt da noch an das Setzen mit der Hand aus der umgebundenen Schürze? Die Saatkartoffeln sind schon vorgekeimt, ganz im Sinne eines rationell geplanten Wachstums. Auch das Anhäufeln der langen Dämme in jeder Kartoffelreihe geschieht mit einer Spezialmaschine. Über die Felder gespannte Folien ermöglichen eine schnellere Keimung der Frühkartoffeln und schützen vor Witterungseinbrüchen.

Folgende Doppelseite: Welch ein Kontrast! Oben ein riesiger moderner Kartoffelroder, eine ausgeklügelte Erntemaschine, auf der Helfer schon gleich nach dem Ausbuddeln schlechte Kartoffeln aussortieren. Manch einer wird vielleicht noch an die eigene Kindheit zurückdenken, als man in den Herbstferien, vielerorts Kartoffelferien genannt, beim Lesen der oft verwünschten Knollen half.

Warum Kartoffeln so nahrhaft und gesund sind

Etwa ab der zweiten Hälfte des 18. Jahrhunderts wurde die Kartoffel endlich als Volksnahrungsmittel allgemein anerkannt, nachdem man herausgefunden hatte, daß sie im Vergleich zu Getreide nur geringe Ansprüche an Boden und klimatische Verhältnisse stellt und ihr Nährstoffertrag pro Flächeneinheit den des Getreides sogar um einiges übertrifft. So liegt der durchschnittliche Kalorienertrag je Hektar bei etwa 16,7 Millionen kcal, für Weizen bei rund 12,2 Millionen und für Roggen bei 9,8 Millionen. Diese Tatsachen führten schon früh zu einem sprunghaften Anstieg des Kartoffelanbaus. Um das Jahr 1800 wurden rund 50 kg pro Kopf und Jahr verzehrt, knapp 50 Jahre später stieg der Verbrauch sogar auf rund 270 kg. Dieser Rekord wurde in der Folgezeit jedoch nie mehr erreicht, ja der Verbrauch sinkt seit der Jahrhundertwende ständig. Vor dem Zweiten Weltkrieg wurden von jedem Deutschen noch rund 176 kg Kartoffeln pro Jahr gegessen. Seit einigen Jahren liegt der Verbrauch bei etwa 75 kg pro Jahr – einschließlich Veredelungserzeugnissen. Dieser Rückgang im Verbrauch ist unter anderem auf die hartnäckige, aber durch nichts bewiesene Behauptung zurückzuführen, Kartoffeln bewirkten fast automatisch eine Gewichtszunahme. Eine solche Behauptung ist leicht widerlegt, denn gegen die 380 kcal von 100 g Teigwaren nehmen sich die 80 kcal von 100 g Salzkartoffeln sehr gering aus. Seit einiger Zeit wird jedoch der ernährungsphysiologische Wert der Kartoffel wieder neu entdeckt, enthält die Kartoffel doch sehr viele für eine gesunde Ernährung notwendige wertvolle Stoffe.

Kohlehydrate

Mit je nach Sorte 10 bis 20 % stellt die Stärke den Hauptanteil an Nährstoffen der Kartoffel dar. Da rohe Kartoffelstärke (im Gegensatz zur Getreidestärke) für den Menschen beinahe unverdaulich ist, muß sie vor dem Verzehr durch Erhitzen verkleistert werden. In diesem Zustand kann sie nahezu restlos aufgenommen werden, ohne daß sie den menschlichen Organismus belastet. Gekochte Kartoffeln als Püree oder Dampfkartoffeln weisen sehr günstige Eigenschaften auf, die sie zum wertvollen Bestandteil unserer Kranken- und Diätkost gemacht haben. Eine Einschränkung muß man nur für solche Kartoffelgerichte machen, bei deren Zubereitung die Stärke einem starken Brat- oder Röstprozeß ausgesetzt wird. In diesem Zustand ist die Stärke schwer verdaulich.

Eiweiß

Der etwa 2 bis 2,5 %ige Rohproteingehalt der Kartoffelfrischmasse nimmt sich im Vergleich mit anderen pflanzlichen und mit tierischen Eiweißträgern mengenmäßig sehr bescheiden aus. Hier ist jedoch nicht die Quantität entscheidend, sondern der Anteil des für den Menschen verwertbaren Eiweißes. So gesehen, steht Kartoffeleiweiß an erster Stelle aller pflanzlichen Eiweißstoffe, vergleichbar und ebenbürtig mit Milch- oder Hühnereiweiß. Darüber hinaus hat es besondere Eigenschaften, die schon bei geringen Mengen tierische Eiweißarten ergänzen und so zu einer vollwertigen Deckung unseres täglichen Eiweißbedarfs führen können.

Vitamine

Die Kartoffel enthält besonders die wasserlöslichen Vitamine B_1, B_2 und C. Während die B-Vitamine unsere Nervenfunktionen steuern und unsere geistige Leistungsfähigkeit stärken, verhindert bekanntlich Vitamin C z. B. den gefürchteten Skorbut, der unter anderem zu Blutungen des Zahnfleisches, der Haut und der Muskeln führt. Die Kartoffel mit ihrem hohen

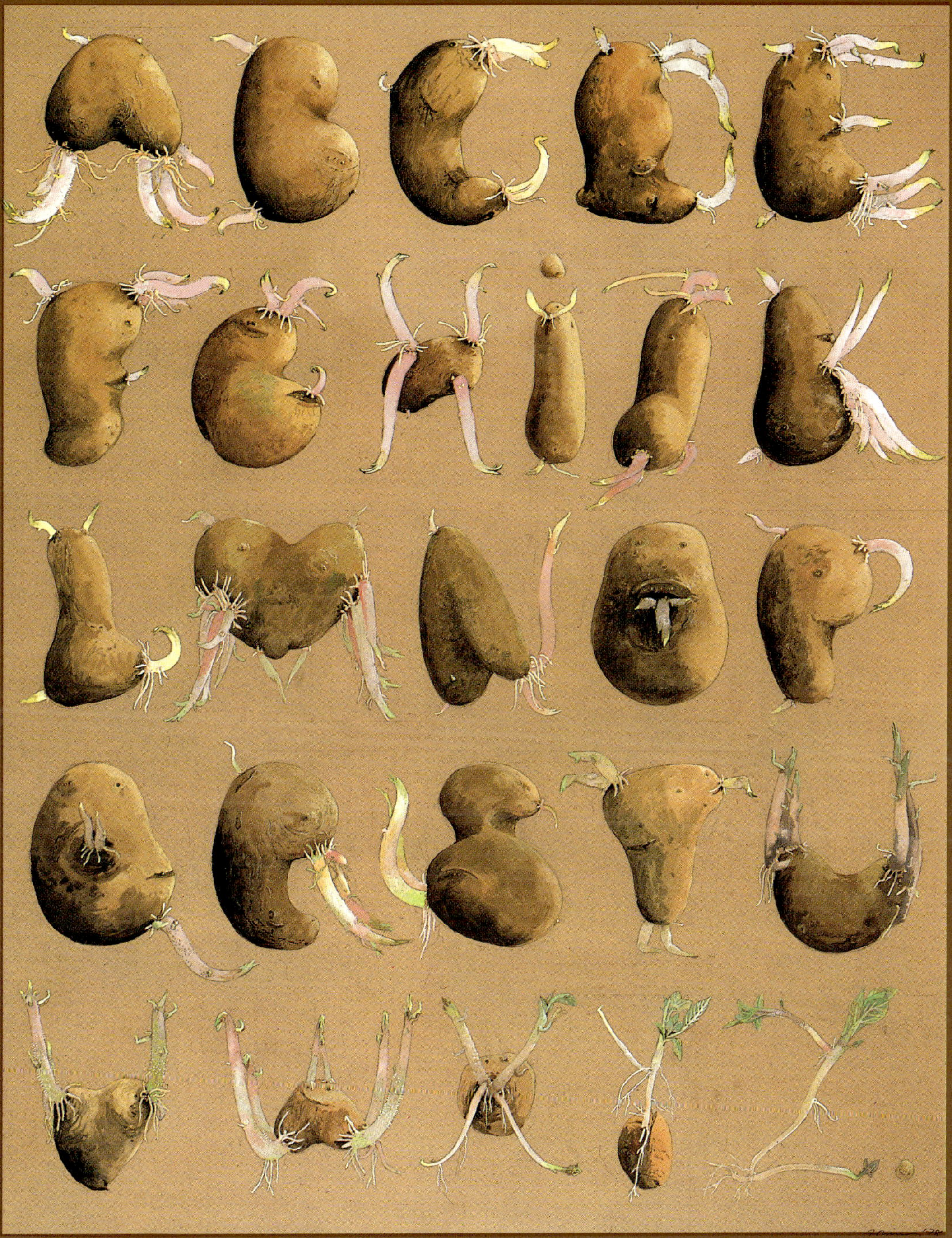

Kartoffeln mit ihren oft komischen Knollenformen haben die Malerin Bettina von Arnim 1977 zu diesem Kartoffelalphabet angeregt.

Vitamin-C-Anteil hat sicherlich das entscheidende Verdienst, seit ihrer Einführung als Volksnahrungsmittel solche Erkrankungen in Europa fast völlig in Vergessenheit geraten zu lassen.

Mineralstoffe

Als Baustoffe für Knochen und Zähne, für komplizierte Verbindungen wie Hormone und Fermente, als Reglerstoff des physikalisch-chemischen Zustandes der Zellen sind Mineralstoffe und Spurenelemente unersetzlich. Der menschliche Organismus scheidet täglich etwa 15 bis 25 g Mineralstoffe aus. Diese müssen mit der Nahrung regelmäßig dem Körper wieder zugeführt werden. Die Kartoffel ist in dieser Hinsicht ein sehr wichtiger Lieferant. Schon 300 g Pellkartoffeln decken den täglichen Kaliumbedarf zu 80 %, den Eisenbedarf zu 21 %.

Es ist vielleicht kaum bekannt, daß Kartoffeln und Milch in idealer Weise zu einer vollwertigen und gesunden Ernährung beitragen können. 500 g Kartoffeln z. B. zusammen mit einem halben Liter Milch decken den täglichen Bedarf an Eiweiß zu über 30 %, an Vitamin B_1 zu über 50 %, an Phosphor zu 50 %, an Vitamin C zu 90 % und an Calcium zu 80 %.

Um möglichst viele der wertvollen Stoffe der Kartoffeln zu erhalten, empfiehlt es sich, beim Kochen einige wichtige Grundregeln zu beachten. Wenn es das Rezept erlaubt, sollten die Kartoffeln in der Schale gekocht werden, da dann die wasserlöslichen Vitamine und Mineralstoffe weitgehend erhalten bleiben. Sind geschälte Kartoffeln vorgeschrieben, dann sollte man sie in nur wenig Wasser dämpfen oder dünsten. Lange Garzeiten oder übermäßig langes Warmhalten vermindern den Nährstoffgehalt ebenfalls beträchtlich.

Anfänglich hießen die Kartoffeln in Europa „Papas". Unter diesem Namen hatten sie die spanischen Eroberer in Peru kennengelernt. Auf dem alten kolorierten Stich steht die Kartoffelstaude zwischen zwei Thymianarten, wohl deswegen, weil man die neue, wissenschaftlich noch nicht erforschte Pflanze irrtümlich zu den heilbringenden Kräutern zählte.

Die Kartoffel zwischen Teufelskraut und Heilpflanze

Die Kartoffel kam in einer Zeit nach Europa, in der eine mächtige Entwicklung der Naturwissenschaften begonnen hatte. Die Buchdruckerkunst ermöglichte eine rasche Ausbreitung von Neuigkeiten, die sich in dieser Zeit förmlich überschlugen. Eine ähnliche Entwicklung fand auch auf dem Gebiet der Heilkunde statt. Hatte sich seit der Zeit des legendären griechisch-römischen Arztes Claudius Galenus (um 129 bis um 199 n. Chr.) bis ins 15. Jahrhundert nichts Wesentliches in der Medizin geändert, so entdeckte man seit der Renaissance in rascher Folge neue Dinge, die vor allem die Kenntnisse über den Menschen revolutionierten. Besonders der 1493 im schweizerischen Einsiedeln geborene Theophrastus Paracelsus von Hohenheim forderte die Alchimisten auf, statt nach der künstlichen Herstellung von Gold zu suchen, die Säfte der Pflanzen nach ihren guten und schlechten Eigenschaften zu erforschen und ihr Wissen der Medizin zur Verfügung zu stellen. An vielen Orten entstanden botanische Gärten, in denen sich Wissenschaftler mit der Züchtung und Beschreibung von Pflanzen beschäftigten. Es ist nicht übertrieben zu behaupten, daß in dieser Zeit eine geradezu fieberhafte Suche nach neuen und bisher unbekannten Pflanzen begann.

Die Kartoffelpflanze, kaum bekannt, kam auch in die Hände des Gelehrten, Arztes und Botanikers Carolus Clusius (1526–1609). Er hatte diese Feldfrucht bei einem Spanienaufenthalt kennengelernt und mit nach Frankfurt a. M. gebracht, wo er sie im Jahre 1588 in dem von ihm gegründeten botanischen Garten unter der exotisch anmutenden Bezeichnung Taratoufly a Philipp de Sivry acceptum Vienna 26. Jan. 1588. Papas Peruanum Petri Ciecae anpflanzte. Clusius fertigte über die für ihn neue Frucht genaue Untersuchungsberichte an, die man heute allgemein als die ältesten Darstellungen einer Kartoffelpflanze betrachtet. Heute befinden sich diese Aufzeichnungen im Museum Plantin Moretus in Antwerpen. Der Baseler Anatom und Botaniker Caspar Bauhin (1560–1624) führte dann im Jahre 1596 die auch heute noch gültige wissenschaftliche Bezeichnung Solanum tuberosum ein.

Natürlich hielten sich allen neuen Erkenntnissen zum Trotz auch weiterhin abergläubische Vorstellungen. In den Stuben der Quacksalber und den Hexenküchen trieb die Scharlatanerie seltsame Blüten. Man stellte einfache Gesetzmäßigkeiten auf, sozusagen eine Art Naturphilosophie, die sich aus scheinbar logischen Zusammenhängen ergab. So nahm man an, langlebige Pflanzen seien für die Verlängerung, dagegen kurzlebige Pflanzen für die Verkürzung menschlichen Lebens verantwortlich. Rote Pflanzensäfte nahm man für die Behandlung von Blutkrankheiten. Und wen wundert es dann noch, wenn die Kartoffel in mehrfacher Hinsicht sehr mißtrauisch beäugt wurde.

Als Nachtschattengewächs ging ihr der Ruf einer Giftpflanze voraus, deren Saft Schweißausbrüche, Durchfall, Krämpfe und Atemlähmungen hervorrufen kann – was natürlich nur auf die grünen Beeren der Kartoffel zutrifft. Doch wer konnte in dieser Zeit das alles schon wissen. Oft wurden die Menschen beim Anblick der Kartoffelknollen an die verkrüppelten Glieder von Leprakranken und die Auswirkungen der Beulenpest erinnert, was sie in den Augen des einfachen Volkes für diese schwere Geißel der Menschheit verantwortlich machte. Es gab damals eine ganze Reihe von Gegenden, in denen der Kartoffelanbau verboten war und strenge Strafen für die Mißachtung dieses Verbotes angedroht wurden. Auch kirchliche Stellen versuchten, die Ausbreitung der Kartoffel zu verhindern. So wurde z. B. in Schottland der Anbau von Kartoffeln mit der Begründung abgelehnt, Kartoffeln seien in der Bibel nicht erwähnt und daher dem Apfel gleichzusetzen, dem die Schuld an der Vertreibung des Menschen aus dem Paradies angelastet wurde. Ebenso erließ die orthodoxe Kirche ein Speiseverbot für Kartoffeln und begründete das mit der Art der botanischen Züchtung, da nur die vegetative Vermehrung bekannt war. Diese Art der quasi gleichgeschlechtlichen Vermehrung war aber für die orthodoxe Kirche gleichbedeutend mit der Inkarnation des Bösen.

Auch nachdem die Pest aus Europa verschwunden war, wurde die Kartoffel zunächst ihren zwielichtigen Ruf nicht los. Nun hielt man sie unter anderem für die Erregerin der Skrophulose, einer besonders bei Kindern damals auftretenden tuberkuloseähnlichen Krankheit. Außerdem sagte man der Kartoffel nach, wenn man sie verzehre, führe sie zu Dummheit und Stupidität. Mit dieser Behauptung tat sich besonders der Leipziger Professor F. Th. Bratanek hervor, der noch im Jahre 1853 in seiner „Ästhetik der Pflanzenwelt" die Kartoffel mit seinem pseudowissenschaftlichen Bannfluch belegte.

Wenn auch sehr viele Menschen von diesen krankheitsbringenden Eigenschaften der Kartoffeln weiterhin völlig überzeugt waren, so wuchs doch allmählich die Zahl derer, die die wertvolle und gesunde Kraft der Kartoffel erkannt hatten. Unterstützung fanden aufgeklärte Menschen unter anderem durch Berichte von Missionaren, die im Gefolge der Spanier nach Südamerika gekommen waren und dort die Bräuche und Lebensbedingungen der indianischen Ureinwohner studierten. Allerdings beobachteten sie auch blutige Fruchtbarkeitsriten und anderen Aberglauben in Verbindung mit der Kartoffel. So dienten besonders wunderlich geformte Kartoffelknollen als *Pupakonopa* zur Wahrsagerei, wobei ihnen sogar kleine Frauenkleider angezogen wurden.

Ähnliches Brauchtum können wir in der schon erwähnten „Geschichte der Kartoffel" von Salaman nachlesen. Darin beschreibt er abergläubische Bräuche in Irland, die teilweise auch heute noch üblich sind. So bringen die Iren z. B. vielfach die ersten Kartoffeln am Karfreitag in die Erde in der Hoffnung, dies würde ihnen eine besonders reichhaltige Ernte bescheren. Noch heute soll eine als Talisman um den Hals oder in der Tasche getragene Kartoffelknolle vor Rheumatismus schützen. Kopfschmerzen glaubt man dadurch zu beheben, daß man die Stirn mit rohen Kartoffelscheiben einreibt.

Doch auch schon sehr früh gab es ernstzunehmende und inzwischen wissenschaftlich belegte Beispiele für Kenntnisse von der Heilwirkung der Kartoffel. Bereits den spanischen Seefahrern war aufgefallen, daß der Verzehr von Kartoffeln bei langen Seefahrten die gefürchtete Beri-Beri-Krankheit verhindert, die unter anderem Nervenentzündungen und Lähmungen hervorruft und sehr oft zum Ausfall der gesamten Schiffsbesatzung geführt hatte. Auch wurde die Kartoffel in dieser Zeit schon als wirksames Mittel gegen Wassersucht angewandt. Heute wissen wir, daß diese beiden Krankheiten durch das Vitamin B, das in großen Mengen in der Kartoffel enthalten ist, verhindert werden.

Längst ist die entwässernde Eigenschaft der Kartoffel nachgewiesen, was Naturheilkundler bewogen hat, sie bei den verschiedensten Krankheiten als Therapiemittel einzusetzen. Es gibt eine Reihe von Sanatorien und Naturheilkliniken, in denen Patienten erfolgreich mit Kartoffelkuren behandelt werden.

Kartoffeln können auf Grund ihrer ernährungsphysiologischen Zusammensetzung nicht nur eine Gewichtszunahme vermeiden, sondern beim Abbau ihrer Stärke im menschlichen Körper das oft überflüssige eingespeicherte Fett sogar abbauen. Diese Tatsache wird von immer mehr Menschen ausgenützt, eine gesunde, stetige und beachtliche Gewichtsabnahme zu erreichen. Mit einer gezielten Kartoffelkur kann man pro Tag bis zu einem Pfund abnehmen, ohne daß man dabei Hunger leidet oder einen Mangel an Nährstoffen erfährt. Dies wurde in zahlreichen Tests von verschiedenen Wissenschaftlern unabhängig voneinander nachgewiesen.

Tongefäße in Kartoffelform, versehen mit Darstellungen von Menschen und Tieren, drücken die tiefe Verehrung der Indianer im alten Peru aus, die sie gegenüber diesem wichtigen Grundnahrungsmittel empfanden.

Die Kartoffel in Kult, Kunst und Literatur

Was den Menschen eine Pflanze wert ist, läßt sich sehr gut daran erkennen, wie stark sie in Sprache und Bewußtsein eines Volkes eine Rolle spielt. Gehen wir im folgenden einmal der Spur der Kartoffel in Kunst und Literatur verschiedener Zeiten nach. Zurück zunächst in die Heimat der Kartoffel, ins Gebiet der Hochanden von Südamerika.

Die mächtigen Tempelanlagen und städtischen Paläste sind zwar größtenteils zerstört worden, doch sind uns Gegenstände des täglichen Gebrauchs als Grabbeigaben erhalten geblieben. Auf viele Museen in Europa und Amerika verstreut, sind diese Funde wichtige und kostbare Quellen, die uns einen guten Einblick in die alten indianischen Hochkulturen erlauben. Der trockene Boden der Küstengebiete hat uns viele Grabinhalte in originalem Zustand erhalten. Neben Schmuck, Textilien, Waffen und anderen Gebrauchsgegenständen des täglichen Lebens bargen die Gräber auch kartoffelähnlich geformte Tongefäße. Oft sind es ein- oder zwillingsknollige Kartoffelnachbildungen mit Augenvertiefungen, die den Krügen eine be-

NICKEL

Links: Sehr realistisch und sozialkritisch hat der belgische Künstler Félicien Rops (1833–1898) die Kartoffelschälerin dargestellt.

Rechts: Der Dichter Matthias Claudius (1740–1815), zweifellos ein großer Verehrer der Kartoffel, widmete ihr in seinem „Wandsbeker Boten" diese reizenden Verse.

Nächste Doppelseite: Die vom anstrengenden Kartoffelnlegen ausruhenden Mädchen malte Johan Mari Henri ten Kate, ein niederländischer Künstler des vorigen Jahrhunderts.

merkenswert realistische Form verleihen. Da gibt es Gefäße, die einer Hauptknolle und mehreren Nebenknollen nachgebildet und zu einer menschlichen Gestalt zusammengefügt worden sind. Die Deutlichkeit und figürliche Prägnanz wird durch die Formung einer kleineren Knolle zu einem menschlichen Gesicht noch besonders verstärkt. Bei einigen Gefäßen fällt die Mehrköpfigkeit auf, für uns um so exotischer und verwunderlicher, als sich dabei oft gleichzeitig Menschen- und Tierdarstellungen finden.

Über die Bedeutung solcher Kartoffeldarstellungen kann man ohne schriftliche Zeugnisse aus dieser Zeit – den Indianern war die Schrift bis zur Eroberung durch die Spanier unbekannt – nur Vermutungen anstellen. Die Häufigkeit allerdings, in der diese Formen auftauchen, läßt auf eine große Bedeutung der Kartoffel und ihre immens wichtige Rolle als Grundnahrungsmittel schließen. Ethnologen nehmen an, daß die Indianer der Kartoffel menschliche und tierische Züge deswegen verliehen haben, weil sie sie für beseelt hielten. Für die Indianer hatten alle wichtigen Nutzpflanzen einen Geist, den sie sichtbar machen wollten. So wissen wir, daß sie eine Maismutter, die „Zaramama", verehrten, ebenso die „Cocamama" des Kokastrauches und nicht zuletzt die „Axomama", die Kartoffelmutter. Zur kultischen Ehrung dieser Gottheiten fertigte jede Familie ihre eigene „Huaca" in Form der Tongefäße an.

In Europa sind uns nur ganz wenige Kartoffelnachbildungen in Form von Gefäßen bekannt. Der Zweck solcher Behälter war freilich ein ganz anderer als bei den Indianern im alten Peru. Zu Beginn des 19. Jahrhunderts benutzte man nämlich heiße Kartoffeln, von fahrenden Händlern auf der Straße feilgeboten, nicht nur um den Hunger zu stillen, sondern vornehmlich als Handwärmer für die Damen der besseren Gesellschaft, die sie in ihre Muffs hineinsteckten. Da es aber den Gentlemen einige Kosten verursachte – von den praktischen Schwierigkeiten einmal ganz abgesehen –, laufend für neue heiße Kartoffeln zu sorgen, fand eine von

klugen Töpfern erfundene Sache bald großen Anklang: Aus Ton nachgeformte Knollen füllte man mit heißem Wasser oder Sand – eine ideale Wärmflasche en miniature für die frierende Damenwelt.

In Bild und Wort ist die Kartoffel in Europa zu unzähligen künstlerischen Ehrungen gekommen, ja man kann geradezu von einer „Kartoffelpoesie“ sprechen, und während der heftigen Auseinandersetzungen um Pro und Contra dieses neuen Nahrungsmittels nannte der Volksmund viele Pfarrer und Dorflehrer, eifrige Protagonisten der Kartoffel, etwas spöttisch „Knollenprediger“. Und natürlich gab es auch eine Unzahl von Spottversen auf die Kartoffel von denen, die diese Knolle – aus welchen Gründen auch immer – für schädlich und schlechthin ungesund hielten. So teilt sich die „Kartoffelpoesie“ – hymnische Lobpreisungen auf der einen, vernichtende Reime auf der anderen Seite.

Seine Liebe zur Kartoffel hat Joachim Ringelnatz (1883–1931) in folgende rührende Reime gebracht:

Abschiedsworte an Pellka

Jetzt schlägt deine schlimmste Stunde,
du Ungleichrunde,
du Ausgekochte, du Zeitgeschälte,
du Vielgequälte,
du Gipfel meines Entzückens,
Jetzt kommt der Moment des Zerdrückens
mit der Gabel! Sei stark!...

Ein besonders vergnügliches Stück Kartoffelpoesie ist Ernst Penzoldts Schelmenroman „Die Powenzbande“, ein „Kartoffelroman“. Hier weitet sich der Streit von zwei Parteien der Powenzfamilie, Kartoffelgegnern und -befürwortern, Solanisten und Antisolanisten, zu einem wilden Streit in der ganzen Bevölkerung aus, bis schließlich sogar der Kartoffelstreik ausbricht und man vom „Pomme-de-Terror“ kaum noch loskommt. Doch schließlich – Ende gut, alles gut – lassen sich Kartoffelfreund und -feind zu einem guten Kartoffelgericht der Powenzfamilie nieder – und siehe da, es schmeckt allen.

Penzoldts Roman hatte durchaus historische Vorbilder. Hat man doch nicht zu Unrecht den Bayerischen Erbfolgekrieg in den Jahren 1778/79 als „Kartoffelkrieg“ tituliert. Es war ein ziemlich unblutiger Krieg, die feindlichen Parteien, Österreicher und Preußen, holten sich gegenseitig die Kartoffeln von den Feldern, um sich zu sättigen und den Gegner kriegsentscheidend zu schwächen.

Die Redensart „rin in die Kartoffeln, raus aus die Kartoffeln“ geht wohl auch auf eine militärische Angelegenheit zurück. Bei einem Manöver, so berichten die „Fliegenden Blätter“ 1881, konnten sich die Offiziere vom General bis zum Hauptmann nicht über die Vor- und Nachteile der Tarnung im Kartoffelfeld einigen – und so kam es zu besagtem Sprichwort.

Heinrich Heine hat die Vorliebe der Deutschen für die Kartoffel in einer ironischen Pointe zusammengezogen: „Luther erschütterte Deutschland – aber Franz Drake beruhigte es wieder: Er gab uns die Kartoffel.“

Treffend-witzig, mit Blick auf bestimmte Verhältnisse zu seiner Zeit, fragt in Carl Zuckmayers Theaterstück „Katharina Knie“ der Clown Julius das Publikum: „Wozu hat Gott die Kartoffel erschaffe?“ Die Antwort, die heraufkommt: „Zum Esse, zum Koche, zum Brate!“ veranlaßt Julius zu der kritischen Korrektur: „Nein, nein! Damit die arme Leut auch jemand hawwe, dem se die Haut abziehen könne!“

Soviel, sowenig zur Kartoffel in literarischer Gestaltung. Auch in der Malerei ist sie häufig dargestellt worden. Wir erinnern an drei berühmte Beispiele: den „Abendsegen“ von Jean François Millet (1814–1875), die Kartoffelerntebilder von Max Liebermann (1847–1913) und

Albert Anker (1831–1910), ein für seine realistische Darstellung bekannter Schweizer Maler, porträtierte dieses hübsche Kartoffeln schälende Mädchen.

die Bilder von Vincent van Gogh (1853–1890) aus der frühen Schaffensperiode.

Soweit unser Streifzug durch die Geschichte der Kartoffel, der Ihnen hoffentlich auf zugleich amüsante und lehrreiche Weise gezeigt hat, welchen Einfluß auf unser Leben eine kleine Knolle im Lauf von wenigen Jahrhunderten gehabt hat. Und nun hinein ins Paradies wohlschmeckender Kartoffelgerichte. Wir haben 75 Rezepte für Sie ausgesucht, von denen wir glauben, daß sie Sie reizen, die Kartoffel in Ihrer Küche für sich und Ihre Gäste neu zu entdecken. In Abwandlung eines Sprichwortes: „Wer die Kartoffel nicht ehrt, ist des Fleisches nicht wert!"

Ein unbekannter Künstler malte die beiden jungen Frauen bei der Kartoffelernte. Ihre Gesichter scheinen das größte Glücksgefühl über diese segensreiche Tätigkeit auszudrücken.

Alemannische Kartoffelpastete

Dem Erfinder dieser Pastete hat möglicherweise der Wind aus Westen oder Süden eine Anregung von unseren Nachbarn ins Ohr geflüstert.

Für den Teig: 250 g Mehl (Type 405), je 1 Prise Salz und Muskat, 2 Eßlöffel Wasser, 1 Eigelb, 125 g Butter.
Für die Füllung: 150 g Karotten, 500 g Kartoffeln (am Vortag gekocht), 200 g Champignons, 100 g Erbsen, Cayennepfeffer, Salz, Muskat, 1 Briefchen Safran, 1 Eßlöffel Milch.
Für den Guß: 1/4 Liter Sahne, 3 Eier, 80 g geriebener Käse, Salz; 2 Eigelb

Das Mehl für den Teig in eine Schüssel sieben, Salz und Muskat hinzufügen. Wasser, Eigelb und die zuvor in kleine Stücke geschnittene Butter unter das Mehl kneten, danach 20 Minuten kaltstellen. Den Teig ca. 1/2 cm dick ausrollen und etwa zwei Drittel davon so in eine ausgefettete Backform (ca. 28 cm ∅) legen, daß ein 2–3 cm hoher Rand entsteht.

Karotten waschen, würfeln, weichkochen. Kartoffeln und Champignons in Scheiben schneiden, mit Erbsen und Karotten vorsichtig mischen. Würzen und dazu den Safran in 1 Eßlöffel warmer Milch auflösen. Alles gleichmäßig auf den Teig verteilen. Sahne mit den Eiern verrühren, Käse und Salz hinzufügen und gut vermengt über der Füllmasse verteilen. Den restlichen Teig so ausrollen, daß der Forminhalt bedeckt ist. Den Rand des Deckels sorgfältig an den des Teigbodens drücken.

Eigelb mit einem Spritzer Wasser verrühren, den Pastetendeckel dick damit bestreichen. In der Mitte ein Loch mit ca. 2,5 cm Durchmesser ausschneiden und die Pastete bei 180° C im vorgeheizten Backofen so lange backen, bis der Guß über der Füllung stockt (ca. 30–40 Minuten). Sofort aufschneiden und servieren.

Allgäuer Sennerklöße

Obwohl der Stallmeister des Königs von Sardinien, ein Lindenberger, die Kartoffel schon 1753 in sein heimatliches Allgäu brachte, bedurfte es erst des Hungerjahres 1772, um dieser neuen Frucht den Durchbruch als Hauptnahrungsmittel zu ermöglichen. Die sprichwörtliche Erfindergabe der Schwaben kennt heute die vielfältigsten Zubereitungsarten der „Bodenbiren", wie die Kartoffeln im Süden auch genannt werden.

800 g mehligkochende Kartoffeln, 100 g Mehl, 2 Eigelb, Salz, Muskat, Pfeffer, 160 g grobes Kalbsbrät, 1 kleines Bund Petersilie, etwas Stärke, reichlich Wasser, etwas Butter zum Einfetten, 0,2 Liter süße Sahne, 100 g geriebener Emmentaler, Cayennepfeffer

Die Kartoffeln schälen, weichkochen, durch eine Kartoffelpresse drücken und gut ausdampfen lassen. Zu den ausgekühlten Kartoffeln Mehl, Eigelb, Salz, Muskat, evtl. etwas Pfeffer geben. Das Ganze zu einem festen Teig verkneten. Kalbsbrät mit der zuvor feingehackten Petersilie vermischen und 12 nußgroße Kugeln formen, die in einer Pfanne rundum leicht angebraten werden. Den Kartoffelteig in 12 gleich große Stücke teilen. Jedes Fleischbällchen mit einem Kartoffelteigstück umhüllen und zu einem Kloß formen. In etwas Stärke leicht nachrollen und anschließend in reichlich Salzwasser bei 90°C ziehen lassen. Nach etwa 5 Minuten die Klöße – sie sollten inzwischen an die Wasseroberfläche gestiegen sein – aus dem Wasser nehmen und in eine gebutterte feuerfeste Form setzen, mit Sahne übergießen, darüber Käse streuen und mit etwas Cayennepfeffer nach Geschmack würzen. Im Backofen bei 220°C so lange überbacken, bis der Käse geschmolzen ist.

Alloo Madarasi

Wer an indische Küche denkt, dem fallen sicher Curry und Reis ein. Doch auch in Indien, wohin die englischen Kolonialherren sie Anfang des 19. Jahrhunderts brachten, werden Kartoffeln auf für uns exotisch-phantasievolle Weise zubereitet. Hier ein besonders exquisites Beispiel.

1,2 kg festkochende Kartoffeln, 4 Eßlöffel Butter oder Öl, 1 Teelöffel gemahlener Kümmel, 4 Zwiebeln, 1/2 Teelöffel Madrascurry, Salz, 1 Messerspitze Sambal Oelek (indonesische Würzpaste), 1/2 Liter saure Sahne oder Joghurt

Die Kartoffeln in der Schale kochen, dabei nicht zu weich werden lassen, abschütten und ausgedampft schälen. Die Butter oder das Öl in einem geeigneten Topf erhitzen, den Kümmel einrühren und die zuvor feingewürfelten Zwiebeln hinzufügen, mit dem Curry bestäuben und alles weichschmoren lassen. Die Kartoffeln vierteln, zu den Zwiebeln geben und unter ständigem Wenden erhitzen, etwas salzen, die Würzpaste zufügen (wer es nicht so scharf mag, läßt diese weg) und die saure Sahne oder den Joghurt einrühren. Das Ganze wieder zum Kochen kommen lassen. In Indien ißt man dieses Kartoffelgericht am liebsten kalt. Es paßt aber auch warm zu Gerichten mit gedünstetem Geflügel- oder Kalbfleisch.

Ardenner Kartoffeln

Nach einem harten und langen Arbeitstag saßen die Pferdeknechte in den Ardennen gern am gußeisernen Ofen zusammen, um sich beim Genuß dieser Kartoffelspezialität aufzuwärmen und neue Kräfte zu sammeln. Wenn auch heute die Pferdearbeit weitestgehend von Maschinen übernommen wird, so bleibt uns doch dieses vortreffliche Kartoffelrezept erhalten.

8–12 sehr große Kartoffeln, Butter zum Einfetten, 1/4 Liter Bouillon, 3 Eigelb, 50 g Butter, gekochter Schinken und/oder gekochtes Geflügelfleisch, 100 g feingeriebener Käse, Salz, Muskat, Pfeffer

Die Kartoffeln schälen und nebeneinander in einen ausgefetteten Bräter setzen, mit der Bouillon begießen und zugedeckt bei 250°C im Backofen etwa 90 Minuten dämpfen. Herausnehmen, einen Deckel abschneiden und die Kartoffeln vorsichtig aushöhlen, so daß noch ein etwa 1 cm starker Rand stehen bleibt. Die herausgenommene Kartoffelmasse mit dem Eigelb, der Butter, dem im Fleischwolf durchgedrehten Schinken- und/oder Geflügelfleisch und dem Käse zu einem Brei verarbeiten, würzen und in die Kartoffeln einfüllen. Mit etwas Butter beträufeln, mit dem restlichen Käse bestreuen und bei reichlich Oberhitze (250°C) 5–8 Minuten backen. Mit Buttermilch und Bauernbrot als Beilage ergibt dies eine vollständige und deftige Mahlzeit.

Bauernomelett

Schwere Landarbeit verlangt eine ebenso deftige wie sättigende Kost. Mancher gaumensensible Skeptiker ist schon in das Lager der überzeugten Liebhaber solcher rustikaler Gerichte aus ländlicher Tradition übergetreten, wenn er sie einmal nachgekocht und probiert hatte.

800 g festkochende Kartoffeln,
250 g gekochte Kaldaunen (Pansen, in manchen Gegenden als Sulz oder Kutteln bekannt),
1/8–1/4 Liter Weißwein, 2 Eßlöffel Schmalz,
1 große Zwiebel, Salz, Pfeffer, Muskat, 4 Eier,
Kräuter (Schnittlauch, Petersilie)

Ungeschälte Kartoffeln kochen, auskühlen lassen und pellen, in dicke Scheiben schneiden und diese stifteln. Die gekochten, in 2–3 cm lange Streifen geschnittenen Kaldaunen in etwas Weißwein 10 Minuten dämpfen; sie müssen gut weich sein. In einer Stielpfanne das Schmalz erhitzen und darin dünne, halbierte Scheiben einer Zwiebel andünsten lassen, dann die Kartoffeln und die abgetropften Kaldaunenstreifen zugeben und rösten. Mit Salz, Pfeffer und Muskat würzen. Die Eier zusammen mit den Kräutern mit einer Gabel kräftig durchschlagen, über den Pfanneninhalt verteilen und stocken lassen. Mit der Gabel den Rand etwas lösen und durch Schrägstellen der Pfanne und gleichzeitiges Klopfen an den Stiel das Ganze zu einem Omelett zusammenrollen und auf eine vorgewärmte Servierplatte stürzen. Besitzen Sie keine genügend große Pfanne, um alles auf einmal zuzubereiten, so sind zwei oder drei kleinere Omeletts eine ebenso leckere Alternative. Ein deftiger Feldsalat vervollständigt dieses Gericht.

Bayerische Kartoffelsuppe

(für 10 Personen)

Es ist sicherlich nicht übertrieben, wenn man behauptet, daß es mehr als hundert Variationen von Kartoffelsuppen gibt. Da sie sich in den Grundzügen sehr ähnlich sind, will ich stellvertretend für alle eine besonders deftige Kartoffelsuppe herausstellen. Sie sollten sich aber ruhig einmal selbst darin versuchen, Ihre persönliche Kartoffelsuppe zu kreieren. Dabei können Sie durch die Zugabe von Schinken, Erbsen, Tomaten – kurz: von allem, was Ihnen besonders gut schmeckt – herrliche Geschmacksabwandlungen erzielen.

300 g Zwiebeln, 300 g Gemüse (Karotten, Sellerie, Lauch), 100 g Speck oder Schinkenreste nach Belieben, 50 g Butter, 1 kg mehlige Kartoffeln, 3 Liter würzige Bouillon, Salz, Muskat, Kerbel, 2 Scheiben Weißbrot, 150 g Leberkäse

Zwiebeln und Gemüse kleinschneiden und zusammen mit den Speck- oder Schinkenresten in der Butter anschwitzen lassen. Geschälte Kartoffeln grob zerkleinert dazugeben und mitdünsten. Mit der Bouillon auffüllen und zugedeckt ca. 30 Minuten kochen lassen. Den Speck herausnehmen und alles anschließend pürieren und mit den angegebenen Gewürzen nach Belieben abschmecken. Weißbrotscheiben in Würfel und Leberkäse in Streifen schneiden. In der Pfanne leicht anbräunen und in die Suppentassen geben.

Birnenkartoffeln

In Italien wurde die Knolle wegen ihrer Ähnlichkeit mit der Trüffel auch „Taratouphli" oder „Tartuffoli" benannt. Im Laufe der Zeit ist daraus unsere heutige Bezeichnung Kartoffel geworden. Die Namensverwandtschaft mit dem König aller Pilze mag schon viele Köche gereizt haben, Trüffeln und Kartoffeln in einem Gericht zu vereinigen.

1 kg mehligkochende Kartoffeln, 200 g Kartoffelstärke, 4 Eigelb (das Eiweiß zum Panieren aufbewahren), Muskatblüte, Salz, Pfeffer, 50 g in Würfel geschnittene Trüffeln, 100 g Semmelbrösel, 100 g Mandelblättchen, Gewürznelken, etwas Petersilie, Fett zum Ausbacken

Die Kartoffeln schälen und sehr weich kochen, das Wasser abschütten, im Backofen auf einem Blech bei 100°C trocknen lassen und anschließend durch eine Kartoffelpresse drücken. Stärke und Eigelb dem Kartoffelbrei beifügen, mit Muskatblüte, Salz und weißem Pfeffer würzen und alles gut miteinander vermengen. Die feinwürflig geschnittenen Trüffeln unterziehen. Aus dieser Masse Birnen formen, diese in etwas Stärke wälzen, durch das Eiweiß ziehen und zum Schluß mit einem Gemisch von Semmelbröseln und Mandelblättchen panieren. Mit einer Gewürznelke und einem kleinen Petersilienstengel kann die Ähnlichkeit mit einer Birne vervollständigt werden. In tiefem Fett ausbacken, bis sie eine goldgelbe Farbe haben. Dieses Kartoffelgericht kann als krönende Beilage zu festlichen Fleischgerichten, wie z. B. Rehrücken oder Rinderfilet, serviert werden.

Blindhuhn

Dieser Eintopf wird auch als Gänsefutter, Husch und Susch oder Nachlese in den Kochbüchern der Westfalen geführt. Eines ist jedoch sicher: Mit irgendeinem Federvieh hat dieses Rezept nichts zu tun!

250 g weiße Bohnen, 250–500 g fetter Schinken oder durchwachsener Bauchspeck, 1,5 Liter Wasser, 2–3 Lorbeerblätter, 2 Nelken, 1/2 Zwiebel, 2–3 Mohrrüben, 2 säuerliche Äpfel, 2 Birnen, 200 g grüne Bohnen, 500 g Kartoffeln, 2–3 Eßlöffel Mehl, Salz, Pfeffer und Essig

Weiße Bohnen 24 Stunden vorher einweichen. Den Speck in einem Topf mit 1,5 Liter Wasser unter Hinzufügen der Lorbeerblätter, Nelken und der halben Zwiebel heiß aufsetzen. Nach einer halben Stunde die weißen Bohnen und die in Würfel geschnittenen Mohrrüben hinzugeben und weitere 20 Minuten kochen lassen. Anschließend die geschälten Äpfel und Birnen in Schnitze schneiden und zusammen mit den grünen Bohnen und den geschälten, geviertelten Kartoffeln nochmals 20 Minuten köcheln. Ist alles recht weich gekocht, Zwiebel, Nelken und Lorbeer herausnehmen. Den in kleinere Stücke geteilten Speck anschließend wieder zum Eintopf geben. 2–3 Eßlöffel Mehl mit wenig Wasser anrühren und damit das Gemüse sämig binden. Abschließend mit Salz, Pfeffer und einem Schuß Essig abschmecken, damit der Eintopf seinen besonders pikanten Pfiff erhält.

Ob Ihnen nach dem Genuß dieses Gerichts eine treffende Erklärung für den originellen Namen einfällt?

Bunter Heringssalat

Bei diesem Salat sollten Sie die edelste der uns bekannten Heringsarten verwenden. Ein mildes, vollfettes Matjesfilet bringt all die Zutaten dieses nicht alltäglichen Salates besonders gut zur Geltung. Im Mai und Juni erhalten Sie die schmackhaftesten Matjes.

500 g Salatkartoffeln, 2 Matjes- oder Heringsfilets, 2 kleine säuerliche Äpfel, 1 Zitrone, 2–3 kleine Essiggurken oder Cornichons, 100 g gekochte rote Bete, 1 kleine Dose geschnittene Champignons, 4 Eßlöffel Mayonnaise, 5–7 Oliven, Pfeffer, Salz, Cayenne, Senf, einige Ästchen Dill oder Petersilie

Die Kartoffeln kochen, pellen und in nicht zu dünne Scheiben schneiden. Die Fischfilets in 1 cm dicke Streifen schneiden. Die Äpfel schälen und achteln. 4 Achtel mit etwas Zitrone einreiben, damit sie nicht braun werden, und beiseite legen – sie werden später als Garnitur verwendet. Die restlichen Apfelstücke, die Essiggurken oder Cornichons und die rote Bete in Scheibchen schneiden und alles miteinander vermengen. Die Champignons, die Mayonnaise, die Hälfte der ebenfalls in Scheiben geschnittenen Oliven sowie die Gewürze nach Gusto daruntermischen. Das Ganze in einer Salatschüssel anrichten und mit den restlichen Apfelspalten und den verbliebenen Olivenscheiben dekorativ belegen. Als weitere Garnierung können kleine Dill- oder Petersiliensträußchen verwendet werden.

Cornish Pie

Es gibt wohl keine eßbaren Zutaten, die nicht schon einmal als Bestandteil für Pies, diese typisch englische Spezialität, verwendet worden wären. Bei der Herstellung der Pies wird eine ovale, tiefe Form oder Schüssel aus Porzellan, Steingut oder Glas mit Teig ausgelegt – er kann auch weggelassen werden – und mit Zutaten gefüllt. In jedem Falle aber wird ein Pie mit einem Deckel aus Teig geschlossen, der häufig reich verziert wird. Hier der Cornish Pie aus Cornwall.

500 g Lammschulter ohne Knochen,
200 g Zwiebeln, 200 g Knollensellerie,
1 Eßlöffel gehackte Sellerieblätter,
1/4 Liter Wasser, etwas Butter zum Einfetten,
Pfeffer, Salz, 2 Zehen Knoblauch, Senfpulver,
1/2 Liter Kochfond für die Lammschulter,
600 g Kartoffelpüree, 50 g Butter

Lammschulter fein würfeln und mit den ebenfalls gewürfelten Zwiebeln anbraten. Die zuvor kleingeschnittenen Selleriestücke und -blätter hinzufügen und ebenfalls anbraten. Das Ganze mit 1/4 Liter Wasser angießen und zugedeckt 25 Minuten ziehen lassen, evtl. nochmals etwas Flüssigkeit nachfüllen. Eine feuerfeste Auflaufform ausbuttern. Das Fleisch pikant würzen, in die Auflaufform geben und mit dem Kochfond begießen. Darüber das Püree so verteilen, daß ein geschlossener Deckel entsteht. Mit einer Gabel in die Oberfläche Muster eindrucken.
Die Oberfläche mit der zerlassenen Butter einpinseln und im vorgeheizten Backofen bei 250°C etwa 10 Minuten backen. Die Oberfläche muß eine schöne Goldbräune zeigen.

Cremesuppe Vichysoise

Ein Essen im „Ritz" – dieser Hotelname ist immer noch gleichbedeutend mit dem Flair der großen Welt. César Ritz (1850–1918), ein Schweizer, hat diese Hotels gegründet. Zu seinem Erfolgskonzept gehörte es, Speisen anzubieten, die in Rezeptur und Aufmachung einmalig waren. So zählte auch dieses Rezept lange Zeit zu den bestgehüteten Geheimnissen des legendären Restaurants Ritz-Carlton in New York, und es ist der Rache eines gekündigten Küchenangestellten zu danken, daß wir heute fast überall diese außergewöhnliche Suppe genießen können.

1 kleine Zwiebel, 250 g Lauch (nur weiße Teile), 25 g Butter, 1/4–1/2 Liter kräftige Rindfleischbrühe, 250 g Kartoffeln, Salz, weißer Pfeffer, 1/10 Liter flüssige Sahne, etwas Weinbrand, einige Spritzer Tabasco, 1 Bund Schnittlauch

Zwiebel und Lauch kleinschneiden, in der geschmolzenen Butter leicht anschwitzen lassen, anschließend mit der Rindfleischbrühe ablöschen. Die Kartoffeln schälen, zerkleinern und zusammen mit dem Gemüse im geschlossenen Topf sehr weich kochen. Mit einem Mixer oder Pürierstab fein pürieren, mit Salz, Pfeffer, Sahne und Weinbrand abschmecken. Die pikante Note wird durch die vorsichtige Beigabe von Tabasco erreicht. Nun die Suppe gut abkühlen lassen und den feingeschnittenen Schnittlauch darunterziehen. Am allerbesten schmeckt diese Suppe, wenn sie eiskalt gegessen wird.

Dauphinkartoffeln

Wer den Erfinder dieser Kartoffelspezialität herausfinden möchte, muß weit in den Annalen der sogenannten Haute Cuisine zurückblättern und trifft auf das Jahr 1880, als der begnadete Kochkünstler Auguste Escoffier (1847–1935) ins Grand Hotel von Monte Carlo kam. Escoffier verstand es auch, seine Kreationen durch prägnante Namen unsterblich zu machen. So gab er diesem Kartoffelgericht den beziehungsreichen Namen Dauphin, also Thronfolger, da es für ein Dinner des Prinzen von Wales bestimmt war.

1/8 Liter Wasser, 30 g Butter, 100 g Mehl, 2 Eier, 500 g Kartoffeln, 20 g Kartoffelstärke, 4 Eigelb, Salz, Muskat, weißer Pfeffer, Fritierfett

Für den Brandteig das Wasser zusammen mit der Butter kochen. Das Mehl auf einmal zugeben und mit dem Holzlöffel so lange auf der Kochstelle rühren, bis sich ein weißer Belag auf dem Topfboden bildet. Das Ganze vom Herd nehmen und die beiden Eier nach und nach gänzlich einarbeiten.

Für die Kartoffelmasse werden zunächst die Kartoffeln gekocht und nach dem Ausdampfen durch ein Sieb passiert. Stärke, Eigelb und Gewürze werden in die Masse eingearbeitet und gut miteinander vermengt. Den Brandteig hinzugeben und alles zu einem Teig verarbeiten. Mit einem Eßlöffel nicht zu große Klöße abstechen, sie auf kleinere, geölte Pergamentstreifen setzen und jeweils 10 bis 15 Stück zusammen in 170°C heißem Fritierfett goldgelb ausbacken.

Elsässer Kartoffelsuppe

Es gibt wenige Gebiete in Europa, die so wie das Elsaß in den letzten Jahrhunderten Zankapfel der streitenden Nachbarn waren. Dieser Hader ließ die Elsässer ein besonders starkes Gefühl des Zusammenhaltens entwickeln, und in ihrer Küche drückt sich ebenso ein ausgeprägtes Streben nach kulinarischer Eigenständigkeit aus, die heute in aller Welt einen guten Namen hat. Dieser Suppentopf ist ein Lieblingsgericht elsässischer Winzer, die nach ihrer täglichen Arbeit eine kräftige Suppe zu schätzen wissen.

2 Liter Hühnerbrühe (evtl. aus Brühwürfeln), 100 g gepökelter, ungeräucherter Schweinebauch, 1 Eßlöffel Öl, 2 Zwiebeln, 1/2 kleiner Weißkohl, 600 g mehligkochende Kartoffeln, 1 Knoblauchzehe, Salz, Muskat, Pfeffer, 1 Bund Schnittlauch

Die Hühnerbrühe aufkochen und darin den Schweinebauch etwa 10 Minuten ziehen lassen, danach herausnehmen und in grobe Streifen schneiden. Die Hühnerbrühe beiseite stellen. In einer genügend großen Pfanne das Öl erhitzen und darin den Schweinebauch anrösten. Die zerkleinerten Zwiebeln und die in Rauten geschnittenen Kohlblätter hinzugeben. Das Ganze durchschwenken, mit einer Schöpfkelle Hühnerbrühe ablöschen und zugedeckt 10 Minuten dünsten lassen. Die Kartoffeln schälen, in etwa 1 cm lange Stücke schneiden und der Hühnerbrühe beifügen. Kohl und Schweinebauch hinzugeben und mit Knoblauch, Salz, Muskat und Pfeffer würzen. Zugedeckt 30 Minuten ziehen lassen. Vor dem Servieren mit feingeschnittenem Schnittlauch bestreuen. Kenner essen dazu ein mit geriebenem Käse bestreutes und kurz überbackenes Stangenweißbrot.

Erdbeerklöße in Zimtbutter

Kartoffeln, ob roh oder gekocht, eignen sich vorzüglich dazu, aus ihnen Klöße zu formen. Wichtig dabei ist, daß die Klöße mit geschmacksgebenden Zutaten, meist durch eine pikante Füllung oder mit einer Schmelze, in der man die Klöße wälzt, angereichert werden. Beim folgenden Kartoffelgericht läßt sich sogar beides miteinander ideal verbinden.
Wem die Zubereitung der Kloßmasse zu aufwendig erscheint, kann auch eines der vielen handelsüblichen Fertigprodukte (gekochte Klöße) verwenden.

600 g mehligkochende Kartoffeln, 120 g Mehl, 2 Eigelb, 1 Messerspitze Salz, 8 mittelgroße Erdbeeren, etwas Kartoffelstärke, reichlich Wasser, 60 g Butter, 60 g Zucker, Zimt nach Belieben

Kartoffeln schälen, kochen und gut ausdampfen lassen. Durch die Kartoffelpresse drücken und mit Mehl, Eigelb und Salz zu einem festen Teig verarbeiten. Diese Masse in 8 gleich große Stücke teilen und jeweils eine gewaschene Erdbeere in die Mitte drücken. Die Hände mit Stärke einreiben und runde Klöße formen. Reichlich Salzwasser zum Kochen bringen und darin die Klöße so lange ziehen lassen, bis sie nach oben steigen. (Das Wasser darf nicht strudeln, da sonst die Klöße auseinanderfallen.) Die Butter in einer Pfanne schmelzen und darin den Zucker auflösen, mit der gewünschten Menge Zimt vermischen. Die Klöße aus dem Wasser nehmen und portionsweise oder zusammen anrichten, mit der Zimtbutter überziehen und sofort servieren.

Fischauflauf

Ursprünglich stammt wohl dieses Kartoffel-Fisch-Rezept aus Dalmatien, wo für dieses Gericht fangfrische Fische verwendet werden können. Aber auch mit unseren handelsüblichen frischen oder tiefgefrorenen Fischfilets läßt es sich gut zubereiten. Bitte nur grätenfreien Fisch verwenden!

600 g festkochende Kartoffeln, Butter zum Einfetten, 400 g Fischfilet (z. B. Kabeljau, Seelachs o. ä.), einige Spritzer Worcestersoße, Pfeffer, Muskat, Zitronensaft, 1 kleine Zwiebel, etwas Butter, 1 kleiner Bund Dill, 3 Eier, 1/4 Liter Rahm

Die Kartoffeln in der Schale nicht zu weich kochen, noch warm abpellen und in nicht zu kleine Würfel schneiden. Eine feuerfeste Auflaufform ausbuttern und die Hälfte der Kartoffeln darin verteilen. Fischfilet in Streifen schneiden, mit Worcestersoße, Pfeffer, Muskat und etwas Zitronensaft würzen. Zwiebel fein schneiden, in Butter dünsten, danach Fischstreifen hinzugeben und mit der Hälfte des feingeschnittenen Dills bestreuen. Die Fischstreifen unter Schwenken andünsten und anschließend auf den Kartoffeln in der Auflaufform verteilen. Den Rest der Kartoffeln darauffüllen. Die Eier mit dem Rahm verquirlen, salzen und über die Kartoffeln gießen. Mit einer Alufolie abdecken und so lange im vorgeheizten Ofen bei 180°C halten, bis die Ei-Rahm-Masse gut gestockt ist. Die Auflaufform herausnehmen und das Kartoffel-Fisch-Gericht mit dem restlichen Dill bestreuen. Dazu schmecken besonders gut Kopfsalatherzen, die mit einer Senfmarinade angemacht werden.

Fischspieße im Kartoffelbeet

Bei diesem Gericht brauchen Sie sich nicht auf eine bestimmte Art Fisch festzulegen – man nehme einfach das, was gerade frisch angeboten wird. Das Kartoffelbeet übernimmt die sättigende Wirkung dieses Gerichtes, das mit diesem ganz besonderen Pfiff noch zusätzlich zu veredeln ist.

12 Muscheln, 12 Garnelen, kleine Stücke von Dorsch und Schellfisch (ca. 200 g), 4 Holzspieße, Zitronensaft, Salz, Rosenpaprika, Mehl, 600 g Kartoffeln, Butter, etwas Wasser, 1 Zwiebel, 1 rote und 1 grüne Paprikaschote, 1/4 Liter Paprikasoße, 1 Teelöffel Biojoghurt, Dill

Die Meeresfrüchte abwechselnd auf 4 Holzspieße stecken, mit Zitrone säuern und mit Salz und Paprika würzen, in Mehl wenden. Die Kartoffeln schälen und würfeln, in etwas Butter anschwitzen und in so viel Flüssigkeit dünsten, daß diese nach dem Garwerden der Kartoffeln aufgenommen ist. Die Fischspieße in etwas Butter rasch von allen Seiten anbraten und auf die Kartoffeln legen. Die Zwiebel und die Paprikaschoten in Streifen schneiden und in Butter dünsten, die Paprikasoße hinzufügen und das Ganze durchkochen lassen. Diese Soße nun über die Fischspieße gießen und darauf einen großen Teelöffel Biojoghurt geben, mit einem Dillzweig verzieren und servieren.

1983
ALSACE
ALSACE CONTROLEE

Florentiner Kartoffeln

Florenz verdankt seinen Ruhm nicht nur seinen Kunstwerken und Bauten, sondern auch den vielen Gärten, in denen unzählige Blumen auf sattgrünem Rasen den Eindruck eines kleinen Gartens Eden vermitteln. Dieser Anblick muß auch Köche derart fasziniert haben, daß viele klassische Gerichte diese Stadt im Beinamen führen. Und fast immer spielt dabei Spinat eine wesentliche Rolle.

8–12 große Kartoffeln, 4 Eier, 500 g Spinat, 50 g Butter, 1 Zwiebel, Salz, Pfeffer, 1/4 Liter Milch, 30 g Mehl, 80 g Reibkäse (z. B. Parmesan), Paprika, Muskat

Die ungeschälten Kartoffeln waschen und in Salzwasser etwa 20 Minuten kochen. Herausnehmen und etwas abkühlen lassen. Abpellen, halbieren und mit einem Teelöffel so aushöhlen, daß ein 1/2 cm dicker Rand stehen bleibt. Die entnommene Kartoffelmasse kleinhacken und beiseite stellen. Die Eier hartkochen und würfeln. Den verlesenen Spinat waschen und kurz in kochendem Wasser blanchieren, sofort kalt abschrecken und etwas zerkleinern. In einer Pfanne einen Teil der Butter schmelzen und darin die feingehackte Zwiebel glasig werden lassen. Den Spinat und die gehackte Kartoffelmasse hinzufügen, salzen und pfeffern, von der Kochstelle nehmen. Die Milch erhitzen und unter ständigem Rühren das Mehl darübersieben. Den Käse in der heißen Milch auflösen, mit Salz, Pfeffer, Paprika und Muskat würzen. Die Käsesoße vorsichtig mit der Spinat-Kartoffel-Zwiebel-Masse mischen. Die Kartoffeln in eine gefettete Auflaufform setzen und mit der Masse füllen. Im vorgeheizten Backofen bei 200°C etwa 15 Minuten überbacken. Vor dem Servieren mit den Eiwürfeln bestreuen.

Gaisburger Marsch

Wenn Thaddäus Troll (1914–1980), der beliebte schwäbische Schriftsteller, recht hat, so erhielt dieses Gericht seinen Namen zu Anfang des 19. Jahrhunderts durch die Vorliebe der sogenannten „Einjährigen“ der Stuttgarter Bergkaserne für die Küche der „Bäckerschmiede“ in Gaisburg. Fast täglich machten sich die jungen Soldaten auf den nicht gerade kurzen Marsch, um den dort gebotenen Eintopf, der wohl einen legendären Ruf weitum genoß, zu verzehren.

*800 g Suppenknochen,
400 g durchwachsenes Rindfleisch,
1 Bund Suppengrün, 2,5 Liter Wasser,
500 g geschälte Kartoffeln, 250 g gekochte Spätzle, 100 g mild gesalzener, leicht geräucherter Speck, 1 große Zwiebel, Muskat, Salz, Pfeffer, Streuwürze*

Aus Suppenknochen, Rindfleisch, Suppengrün und Wasser ca. 2 Liter kräftige Fleischbrühe zubereiten. Das Rindfleisch herausnehmen und zunächst beiseite stellen. Die in Würfel geschnittenen Kartoffeln in der Fleischbrühe weichkochen. Das Fleisch kleinschneiden und mit den Spätzle der Brühe beigeben. Den kleingeschnittenen Speck auslassen. Die Zwiebel schälen, halbieren und in dünne Scheiben schneiden, im ausgelassenen Speck goldgelb rösten. Speck und Zwiebel in die heiße Suppe geben.

Auch Nichtschwaben werden ganz sicher einen Teller über das normale Maß hinaus von dieser Suppe essen.

Gefüllte Kartoffeln

(Für sechs Personen)

Zu diesem Elsässer Gericht trinkt man in seiner Heimat einen kräftigen, vollmundigen Pinot noir, bei uns als Spätburgunder bekannt. Doch auch wenn Sie ein starkes Dunkelbier dazu reichen, liegen Sie absolut richtig.

6–8 sehr große mehligkochende Kartoffeln (jeweils mind. 250 g), 500 g mageres Rindfleisch, 125 g fettes Schweinefleisch (beides evtl. vom Metzger durch den Fleischwolf drehen lassen), 1 halbe Zwiebel, 1 Eßlöffel Petersilie, 1–2 Knoblauchzehen, Salz, Pfeffer, Muskat, Cayenne, 3 Eßlöffel Öl

Kartoffeln waschen, schälen und der Länge nach halbieren. Jede Hälfte mit einem Teelöffel derart aushöhlen, daß ein 1 cm dicker Rand stehen bleibt, und dann leicht salzen. Das durch den Wolf gedrehte Rind- und Schweinefleisch mit der zuvor feingewürfelten Zwiebel, der gehackten Petersilie und dem fein zerdrückten Knoblauch zu einem Teig verarbeiten und pikant würzen. Eventuell etwas von dem Kartoffelinneren fein würfeln und daruntermischen. Die ausgehöhlten Kartoffeln mit dem Fleischteig füllen, dann die jeweiligen Hälften aufeinandersetzen und mit einem festen Faden zusammenbinden. Das Öl in einer Pfanne erhitzen und die Kartoffeln darin von allen Seiten anrösten. Einen Römertopf oder eine andere feuerfeste Form vorbereiten, die Kartoffeln nebeneinander hineinsetzen und im Backofen bei 150° C etwa 1 1/2 Stunden garen lassen. Vor dem Servieren die Fäden entfernen. Ein deftiger Salatteller schmeckt gut dazu.

Gefülltes Schmorsteak Burgenland

Hier ein besonders delikates Rezept aus dem Garten Wiens, wie man das Burgenland auch nennt. Ein Gericht, das nicht nur bei Burgenländern besonders beliebt ist.

250 g Kartoffeln, 2 Eier, 150 g gekochter Schinken, Salz, Pfeffer, Majoran, etwa 1/8 Liter süße Sahne, Schnittlauch, 4 Schmorsteaks aus der Hüfte zu je 180 g, etwas Fett zum Anbraten, je ca. 100 g Karotten, Sellerie und Lauch, 1/8 Liter Rotwein, 1 Eßlöffel Mehl, 1/4 Liter Fleischbrühe, 1 Eßlöffel Tomatenmark, evtl. einige Ochsenmarkscheiben

Die geschälten Kartoffeln garkochen, anschließend Kartoffeln, hartgekochte Eier und Schinken in Würfel schneiden. Würzen, Sahne und Schnittlauch hinzugeben. Gut vermischt zu gleichen Teilen auf die dünn ausgeklopften Schmorsteaks füllen. Die belegten Steaks zusammenklappen, mit kleinen Holzspießen verschließen und beidseitig anbraten. Das in Würfel geschnittene Gemüse hinzufügen, Rotwein angießen und zugedeckt im Backofen bei 180°C 30 Minuten schmoren lassen. Während dieser Zeit einige Male wenden, eventuell etwas Rotwein nachgießen. Die Steaks herausnehmen und warmstellen. Für die Soße das Mehl mit etwas Fleischbrühe anrühren und mit dem Tomatenmark in den Bratensatz rühren. Die restliche Fleischbrühe hinzufügen, alles durchkochen und dann durch ein Sieb passieren. Die Steaks in die Soße legen, nochmals kurz erhitzen und servieren. Nach Geschmack gewässerte und blanchierte Ochsenmarkscheiben zugeben. Mit Mischgemüse servieren.

Geschichtete Kartoffeltorte

Welche Hausfrau stand nicht schon einmal vor dem Problem, etwas Schnelles und gleichzeitig doch Besonderes auf den Tisch zu bringen, z. B. für eine fröhliche und noch hungrige Gesellschaft zu später Stunde? Bei solchen unverhofften Anlässen sollten Sie einmal diese Kartoffeltorte probieren.

1 kg festkochende Kartoffeln, Salz,
50 g geräucherter Bauchspeck,
100 g feingeschnittene Zwiebeln, 1–2 Eßlöffel Öl, 350 g gemischtes Hackfleisch,
1 Teelöffel edelsüßer Paprika, Muskat, Pfeffer,
1 Dose Tomaten, etwas Butter zum Einfetten.
Für den Guß: 1 Becher Biojoghurt,
0,2 Liter Sahne, 2 Eier, 2 Eßlöffel Mehl,
1 Messerspitze Backpulver

Kartoffeln schälen, in feine Scheiben schneiden und kurz anbraten, salzen. Den Speck in Würfel schneiden, mit der feingeschnittenen Zwiebel in Öl anschwitzen. Das Hackfleisch hinzugeben und ebenfalls dünsten. Mit Paprika, Salz, Muskat und Pfeffer würzen, die Tomaten hinzufügen und alles unter ständigem Rühren 5 Minuten durchkochen. Eine feuerfeste Form ausbuttern und den Boden mit Kartoffeln belegen, darauf eine Lage mit Hackfleisch schichten, wieder eine Lage Kartoffeln daraufgeben usw. Die Backform in den vorgeheizten Backofen schieben und 30 Minuten bei 180°C backen. Für den Guß: Alle Zutaten miteinander verrühren, über der kurz aus dem Ofen genommenen Form verteilen und nochmals 10 Minuten backen lassen, so daß eine schöne Kruste entsteht. Servieren Sie dazu einen frischen grünen Salat und ein würziges, kräftiges Bier!

Gnocchi al piemontese

Einst zeigten die Griechen den römischen Köchen, daß viele Speisen an Geschmack sehr gewinnen, wenn man ihnen Olivenöl, Wein oder Käse hinzufügt. Die gelehrigen Schüler, ihrerseits nicht unbegabt, verfeinerten ihre Gerichte mit den vortrefflichen Kräutern ihrer italienischen Heimat. Gerade in der Piemonteser Küche ist diese glückliche Geschmacksverbindung am stärksten spürbar.

600 g Kartoffeln, 2 Eigelb, 110 g Mehl, Salz, Pfeffer, Muskat, 100 g Butter, 1/4 Liter Tomatensoße, 1–2 Eßlöffel italienische Kräutermischung (Thymian, Basilikum, Oregano), 100 g geriebener Käse

Kartoffeln schälen, kochen und gut ausdampfen lassen. Anschließend durch eine Kartoffelpresse drücken, Eigelb, Mehl, Salz und Pfeffer sowie Muskat hinzufügen und zu einer Masse verarbeiten. Eine Arbeitsplatte etwas bemehlen, die Kartoffelmasse teilen und aus ihr zwei etwa 2 cm dicke Rollen formen, von denen 1/2 cm dicke Scheiben abgeschnitten werden. Scheiben mit einer Gabel auf beiden Seiten andrücken, so daß sich eine Rille bildet. Reichlich Salzwasser zum Kochen bringen und darin die Gnocchi ca. 5 Minuten ziehen lassen. Die fertigen Gnocchi schwimmen nach oben. Eine feuerfeste Form mit der Butter ausfetten, die zuvor erhitzte Tomatensoße hineingießen und die gut abgetropften Klößchen darauf verteilen. Nach Geschmack mit den Kräutern bestreuen. Den geriebenen Käse – Kenner empfehlen echten Parmesan – darüberstreuen, mit zerlassener Butter abschmelzen, kurz mit starker Oberhitze leicht überbacken und heiß servieren. Dazu einen knackigen, frischen grünen Salat reichen.

Grimsby bake

Fisch und Kartoffeln miteinander zu mischen, scheint besonders in England beliebt zu sein, wie die vielen Rezepturen in englischen Kochbüchern beweisen, bei denen Kartoffeln und Fische die Hauptrolle spielen. Eine Erklärung für diese Vorliebe ist zum einen der Fischfang, in der Nordsee seit alters her intensiv betrieben, und zum anderen, daß gerade die Engländer die Kartoffel schon sehr früh als Grundnahrungsmittel kannten und schätzten. Grimsby bake gehört zu den klassischen englischen Standardgerichten.

600 g Kartoffeln, etwas Butter zum Einfetten, 1 große Zwiebel, 1 Eßlöffel Fett, 500 g Kabeljaufilet, 150 g frische Champignons, Salz, 1/4 Liter Tomatensoße, 4 Eßlöffel Milch, 1 Teelöffel Oregano

Die Kartoffeln schälen, kochen und in Scheiben schneiden. Den Boden einer gebutterten, feuerfesten Form mit einer Lage Kartoffelscheiben belegen. Die Zwiebel fein zerschneiden, in Fett anschwitzen und einen Teil davon auf den Kartoffeln verteilen. Darauf das in Streifen geschnittene Kabeljaufilet und anschließend die zuvor geputzten und in Scheiben geschnittenen Champignons schichten und leicht salzen. Etwa die Hälfte der Tomatensoße darübergießen, das Ganze mit den restlichen Kartoffeln und Zwiebeln bedecken, nochmals salzen und mit der Milch beträufeln. Die restliche Tomatensoße nun so verteilen, daß alles bedeckt wird. Anschließend mit Oregano bestreuen. Die Form mit Alufolie abdecken und im vorgeheizten Backofen bei 180°C ca. 30 Minuten garen. Mit verschiedenen Salaten oder Buttergemüse ist dieses Gericht eine herrliche Hauptmahlzeit.

Herzoginkartoffeln

Das Geheimnis eines unvergeßlichen Mahls liegt oft weniger an den verwendeten Zutaten als vielmehr daran, wie es unser Auge angesprochen hat. Die meisten von uns würden wohl die Herzoginkartoffeln sofort als Kartoffelbrei, dem einige Eigelb beigemengt wurden, geringschätzig abtun, wäre da nicht die raffinierte Art des Anrichtens, die dem Ganzen einen Hauch von Exklusivität verleiht. Als Beilage zu einem Fleischgericht oder einfach nur so verzehrt – Herzoginkartoffeln hinterlassen bei Auge und Gaumen ein Gefühl angenehmer Noblesse.

600 g mehligkochende Kartoffeln, 7 Eigelb, Salz, Muskat, Butter zum Einfetten, 1/2 Teelöffel Edelsüßpaprika

Die Kartoffeln schälen, weichkochen und ausdampfen lassen, z. B. indem Sie die abgeschütteten Kartoffeln auf einem Blech 5–8 Minuten in den auf 150° C vorgewärmten Backofen geben. Die nun fast trockenen Kartoffeln durch eine Presse drücken und 3 Eigelb sowie Salz und Muskat hinzugeben. Mit einem Kochlöffel zu einer glatten Masse verarbeiten. In einen Spritzbeutel mit einer Sterntülle (Nr. 8 oder 10) füllen und 8–12 gleichmäßige Rosetten auf ein leicht gefettetes Backblech spritzen. Die Rosetten kurz vorbacken. Die restlichen 4 Eigelb verquirlen, mit einem Pinsel die Rosetten damit bestreichen; etwas Paprika darüberstreuen. Im Backofen bei 200° C etwa 8 Minuten goldgelb ausbacken.

Heuberger Kartoffelrolle

Die Kartoffel gedeiht besonders gut auf sandigem Boden. Doch wird sie auch auf weit kärgeren und steinigen Böden, wie z. B. am Heuberg auf der Schwäbischen Alb, angebaut. Die mühsame Ernte – oft erntet man mehr Steine als Kartoffelknollen – hat die Menschen dort gelehrt, die Kartoffel besonders hochzuschätzen. Unser Rezept ergibt zusammen mit einer Speck- oder einer anderen pikanten Soße und verschiedenen Salaten ein vollwertiges Hauptgericht.

800 g geschälte mehligkochende Kartoffeln, 100 g Kartoffelstärke, 2 Eigelb, Salz, Muskat, Pfeffer, 1 Handvoll Semmelbrösel, 100 g zerlassene Butter.
Für die Füllung: 400 g gemischtes Hackfleisch, 100 g Zwiebeln, 2 Eier, Kräuter, Meerrettich, Senf, Salz, Cayennepfeffer nach Belieben

Die Kartoffeln kochen und gut auskühlen lassen. Aus den Füllungszutaten einen Fleischteig kneten, pikant würzen. Die ausgekühlten Kartoffeln durch eine Presse drücken und zusammen mit der Stärke, dem Eigelb und den Gewürzen zu einem festen Teig kneten. Aus dem Kartoffelteig acht gleiche Teile schneiden und diese auf einem mit den Semmelbröseln bestreuten Tisch möglichst rechteckig etwa 1/2 cm dick ausrollen. Die Teigvierecke mit je einem Achtel der Fleischmasse belegen und diese glatt verstreichen, dann wie bei einer Roulade zusammenrollen. Die Rollen in eine gebutterte Form setzen und mit flüssiger Butter bestreichen. Im vorgeheizten Backofen bei 200° C 30 Minuten backen, eventuell nochmals Butter aufstreichen.

Hoppel Poppel

Dieses Gericht als das zu bezeichnen, was es tatsächlich ist, nämlich ein Durcheinander verschiedener einfacher Zutaten, wäre einem Berliner zu gewöhnlich. Ihm gelingt es immer wieder, einfache Dinge bild- und klanglich aufzuwerten. Dieses Gericht gilt, ob nun in Berlin oder Lüchow-Dannenberg, seit Jahrhunderten in ländlichen Gegenden als kräftiges, aus Resten vom Vortag hergestelltes Frühstück.

750 g Kartoffeln, 200 g mild gesalzener gekochter Speck, 1 große Zwiebel, etwas Fett zum Anbraten, 100–200 g Bratenreste vom Rind oder Schwein, 200 g gekochter Schinken, 4 Eier, Salz, Muskat, Petersilie

Kartoffeln ungeschält kochen, pellen und erkalten lassen. Den Speck und die Zwiebel würfeln und in Fett anschwitzen. Die in Würfel geschnittenen Kartoffeln, Braten- und Schinkenstücke zugeben und unter häufigem Wenden gut anbraten. Die Eier aufschlagen, mit Salz und Muskat würzen, einen Eßlöffel feingehackte Petersilie beifügen, über den Pfanneninhalt gießen und stocken lassen. Heiß aus der Pfanne servieren.

Husumer Kartoffelsalat

Die Geschmacksvielfalt, mit der gerade auch einfache Gerichte aufwarten können, ist schier unerschöpflich. Ein nicht gerade alltägliches Gericht ist der Husumer Kartoffelsalat. Seine besondere Note wird durch die Beigabe von Krabben bestimmt. Die Verwendung reinen Rotweinessigs verleiht diesem Salat einen dezent säuerlichen Geschmack.

1 kg Salatkartoffeln, 1 große Zwiebel, 200 g mild geräucherter Speck, 2–3 Eßlöffel Öl, 1/8 Liter Rotweinessig, 200 g geschälte Nordseekrabben, Saft einer halben Zitrone, Cayennepfeffer, etwas Weinbrand, Salz, Pfeffer, eventuell etwas Bouillon

Die Kartoffeln in der Schale kochen, pellen und in Scheiben schneiden. Die Zwiebel und den Speck würfeln, zusammen in etwas Öl andünsten und mit Rotweinessig ablöschen. Das restliche Öl hinzugeben und einmal aufkochen lassen. Die Krabben in etwas Zitronensaft, Cayennepfeffer und Weinbrand marinieren, mit den Kartoffelscheiben vermischen, pikant würzen, die Speck-Zwiebel-Marinade in warmem Zustand hinzufügen und alles gut durchmischen. Sollte der Salat noch zu trocken sein, Bouillon vorsichtig zugeben und warm servieren. Als Beigabe für gebackene Fischgerichte oder einfach mit Stangenweißbrot verzehrt eine köstliche Speise.

Irischer Reibekuchen

Obwohl die Deutschen von sich behaupten können, daß sie die vielseitigsten Reibekuchenrezepte kennen, findet man auch im Ausland interessante und neue Variationen. Eine solche Variante sind die irischen Reibekuchen, die in den meisten katholischen Gegenden Irlands am Abend vor dem Allerheiligenfest serviert werden.

600 g mehligkochende Kartoffeln, 200 g Mehl, 1 Teelöffel Salz, 1/8 Liter Sahne, 150 g Butter, 50 g Zucker

Kartoffeln schälen und in eine mit Wasser gefüllte Schüssel reiben. Über einer Schüssel in ein Tuch geben, Wasser gut ausdrücken und die Kartoffeln zusammen mit dem Mehl, dem Salz und der Sahne vermengen. Das Wasser nun vorsichtig abschütten und die mittlerweile abgesetzte Kartoffelstärke (siehe Seite 194) ebenfalls unter die Masse arbeiten. 30 Minuten stehen lassen. Die Hälfte der Butter in einer für die ganze Kartoffelmasse ausreichend großen Pfanne zerlassen und die Kartoffelmasse hineingeben, mit einem Spachtel glattstreichen und bei mäßiger Hitze so lange backen, bis die Unterseite knusprig braun ist. Den Rand während des Backens immer wieder lockern, um ein Anbrennen zu vermeiden. Ist die eine Seite fertig, den Kartoffelkuchen vorsichtig wenden und nun die andere Seite in gleicher Weise knusprig braun backen. Auf eine Platte stürzen. Abschließend in der Pfanne den Zukker leicht anbräunen und die verbleibende Butter darin schmelzen. Das Ganze auf dem Kartoffelkuchen verstreichen und sofort servieren.
Guten Appetit!

Irish Stew

„Stew“ ist das englische Wort für Eintopf, und Stew ist aus keiner englischen und irischen Küche mehr wegzudenken! In Irland ist es noch heute vielfach Sitte, daß die Braut ihren eigenen gußeisernen Stewtopf mit in die Ehe bringen muß. Wie sehr die Kunst des Stewkochens gerade von den Iren geschätzt wird, ersieht man an den Anfangszeilen eines ihrer Volkslieder:
„Mädchen, kannst du Stew gut kochen,
nehm ich dich zur Frau!“

600 g Hammelschulter oder -brust ohne Knochen, 2 mittelgroße Zwiebeln, 500 g festkochende Kartoffeln, 1 halber Weißkohlkopf, 1–2 Eßlöffel Schmalz, 2 Lorbeerblätter, Salz, Majoran, Thymian, Schnittlauch, 2 Liter Wasser

Hammelfleisch in mundgerechte Stücke zerteilen. Zwiebeln und Kartoffeln schälen und in nicht zu kleine Würfel schneiden, den Weißkohl ebenfalls kleinschneiden. Das Hammelfleisch in einem tiefen, breiten Topf in etwas Schmalz andünsten, die Zwiebeln zugeben und mitdünsten. Anschließend Weißkraut, Kartoffeln und die Gewürze hinzufügen und mit Wasser auffüllen, so daß alles bedeckt ist. Zugedeckt ca. zwei Stunden langsam köcheln lassen. Vor dem Servieren nochmals abschmecken und mit viel frischen Kräutern, vor allem Schnittlauch, garnieren.

Italienischer Salat

Wohl keine Ackerfrucht läßt sich so vielseitig mit allen möglichen Zutaten verwenden, ohne dabei ihren ursprünglichen Charakter zu verlieren, wie die Kartoffel. In ganz hohem Maße gilt dies bei der Zubereitung von Salaten. Der folgende italienische Salat gehört zu den klassischen Feinschmeckersalaten, die auf keinem kalten Büfett fehlen sollten.

6–8 Kartoffeln , 4–5 Scheiben kalter Braten, 1 Apfel, 1 Salzgurke, 2–3 Sardellenfilets, einige Kapern, 3 Eßlöffel Mayonnaise, 2 hartgekochte Eier, 4 Salamischeiben, 4–6 Oliven

Die geschälten Kartoffeln kochen, auskühlen lassen und in nicht zu dünne Streifen schneiden. Den kalten Braten, den geschälten Apfel und die Salzgurke ebenfalls in Streifen schneiden. Die Sardellenfilets und Kapern feinschneiden und mit der Mayonnaise vermengen. Die so vorbereitete Mayonnaise wird nun ganz behutsam mit den anderen geschnittenen Zutaten vermischt, ohne diese dabei zu zerdrücken. Den Salat in eine Schüssel füllen, ein wenig andrücken und auf eine Servierplatte stürzen. Den entstandenen Salatberg mit Eivierteln, Salami und Oliven garnieren.

Kartoffel-Brioche

Die Kunst, originelle Gerichte zu kochen, ist heute ja kein Problem von Zutaten – auch exotische Dinge sind fast überall zu bekommen. Oft geht es nur um das Geheimnis, wie man aus gar nicht kostspieligen Zutaten etwas Überraschendes zubereitet. Das folgende Rezept ist dem berühmten Apostelkuchen aus dem Elsaß nachempfunden, der dort aus Hefeteig gebacken und gerne als Vorspeise gereicht wird.

1 kg mehligkochende Kartoffeln, 2 große Eier, Salz, Cayennepfeffer, Muskat, Butter zum Einfetten, 12 kleine Pastetenförmchen oder aus Alufolie entsprechend geformte kleine Becher, 12 Würfel vollfetter Hartkäse je zu 20 g (Gruyère oder Emmentaler), 80 g Butter, 50 g Semmelbrösel

Die Kartoffeln schälen, kochen, abschütten, durch eine Kartoffelpresse drücken und im Backofen bei 120° C 10 Minuten ausdampfen lassen. Aus diesem Brei und den Eiern mit einem Kochlöffel einen festen Teig rühren, salzen und würzen. Diese Masse im Verhältnis 2 zu 1 teilen und aus jedem Teil zwölf gleichmäßig große Kugeln formen. Die großen Kugeln in die zuvor ausgebutterten Förmchen setzen, mit einem Messer ein etwa 1 cm tiefes Kreuz oben einschneiden und darin je ein Stück Käse eindrücken, darauf die kleineren Kugeln setzen. Die Oberfläche mit der flüssigen Butter bestreichen, mit Semmelbröseln bestreuen und im vorgeheizten Backofen bei 200° C etwa 15 Minuten backen, bis die Oberfläche knusprig braun geworden ist. Kartoffel-Brioches eignen sich gut als Beilage für Ragouts oder Bratengerichte, aber auch als schmackhaftes Zwischengericht werden Ihre Gäste sie schätzen.

Kartoffel-Cordon-bleu

Unser Kartoffel-Cordon-bleu lieh sich den Titel vom weltbekannten Kalbsschnitzel gleichen Namens. Das wiederum kam während der Austragung der berühmten Wettfahrten der großen Ozeandampfer um die schnellste Fahrzeit auf dem Atlantik zwischen Europa und New York um das berühmte „Blaue Band“ als Festgericht zu seinem Namen. Beide Gerichte werden mit einer Schinken- und Käsescheibe gefüllt und in Fett gebacken.

600 g mehligkochende Kartoffeln, 100 g Mehl, 2 Eigelb, Salz, Muskat, Pfeffer, 100 g Semmelbrösel, 4 Scheiben Schinken, 4 Scheiben Käse, Fett für die Fritüre, etwas Butter, 1 Zitrone, mehrere Petersiliensträußchen

Kartoffeln kochen und pellen, über Nacht zugedeckt stehen lassen. Die ausgekühlten Kartoffeln nicht zu grob reiben und mit Mehl, Eigelb und Gewürzen zu einem festen Teig verarbeiten. Auf einer Arbeitsplatte die Hälfte der Semmelbrösel ausstreuen und die Kartoffelmasse darauf zu einer 10 cm dicken Rolle verarbeiten. Von dieser Rolle vier gleich große Scheiben schneiden und diese zu etwa 1/2 cm dicken, rechteckigen Stücken ausrollen. Jeden Fladen mit einer Scheibe Schinken und Käse belegen, zusammenklappen und die Ränder fest andrücken, in den restlichen Semmelbröseln wälzen. Nach einer Ruhezeit von 10 Minuten in tiefem Fett (Fritüre) ca. 4 Minuten goldgelb ausbacken, herausnehmen und mit etwas zerlassener Butter bepinseln. Mit einer Zitronenscheibe belegen und einem Petersiliensträußchen garnieren. Zur Abrundung des Geschmacks empfiehlt sich eine Tomatensoße.

Kartoffel-Crêpes

Der Name „Crêpe“ klingt schon etwas hochstaplerisch für eine so einfache, wenn auch köstliche urdeutsche Spezialität. Vielleicht soll mit der wohlklingenden französischen Bezeichnung der Versuch gemacht werden, dieses Gericht auch Snobs schmackhaft zu machen, denen die vielerlei deutschen Namen wie Flinsen, Erdappelspankauken, Grumbiehr-Pfannekuchen nicht vornehm genug sind.

600 g Kartoffeln, 30 g Mehl, 1/10 Liter Rahm, 6 Eier, Pfeffer, Salz, Muskat, etwas Butter.
Für die Füllung: Apfelmus oder 1/4 Liter geschlagene Sahne, der Preiselbeeren untergehoben werden, Zimt, Puderzucker

Kartoffeln schälen, kochen, danach das Wasser abschütten, die Kartoffeln mit einer Kartoffelpresse pürieren und mit dem Mehl verrühren. Den Rahm und die Eier nach und nach einrühren. Pfeffer, Salz und Muskat je nach Geschmack zugeben, danach die Masse 20 Minuten ruhen lassen. In einer Bratpfanne so viel Butter schmelzen, daß der Boden gerade bedeckt ist. Mit einem Schöpflöffel Teig hineingeben, so daß ein dünner Pfannkuchen entsteht. Diesen leicht ausbacken, bis er eine goldbraune Farbe annimmt, wenden, die andere Seite genauso ausbacken. Wenn sie fertig sind, die Pfannkuchen herausnehmen und warmstellen. Die einzelnen Fladen werden nun mit Apfelmus oder mit Preiselbeersahne gefüllt, zusammengelegt und abschließend mit Puderzucker, dem etwas Zimt zugesetzt wird, bestreut und serviert. Diese Crêpes sind ein köstliches Dessert.

Kartoffelkuchen

Dieser Kartoffelkuchen entstand in Notzeiten, in denen Getreide Mangelware war und man einen Ersatz für das Mehl brauchte. Da bot sich die Kartoffel mit ihren mehlähnlichen Eigenschaften als sehr geeignet an. Jetzt, in einer Zeit voller Überfluß in unserem Land, ist ein Kartoffelkuchen eine mehr nostalgische Bereicherung unserer Kaffeetafel. Hier nun eine Kostprobe, wie sie im Ersten Weltkrieg üblich war, als aus der sprichwörtlichen Not eine kulinarische Tugend entstand.

600 g mehligkochende Kartoffeln, 4 Eigelb, 150 g Zucker, 4 Eiweiß, 50 g Grieß, 1 Teelöffel geraspelte Zitronenschale (ungespritzt), Butter zum Einfetten

Die Kartoffeln schälen, garkochen und in warmem Zustand durch eine Kartoffelpresse drücken. Die Eigelb mit dem Zucker schaumig rühren, die Eiweiß zu einem steifen Schnee schlagen. Grieß und geraspelte Zitronenschale vermischen und zusammen in die Kartoffelmasse einrühren. Diese nun mit der Ei-Zucker-Masse so verarbeiten, daß ein glatter Teig entsteht, dem dann der Eischnee untergezogen wird. Den Teig anschließend in eine passende, gut ausgebutterte Sandkuchen- oder Springform einfüllen. Im Backofen auf der mittleren Schiene bei 170–180 °C etwa 50 Minuten lang backen. Der genaue Garzustand läßt sich durch die Nadelprobe feststellen: Eine lange Nadel 3–4 Sekunden in den Kuchen einstecken. Nach dem Herausziehen muß sie sich an der Unterlippe sehr heiß anfühlen. Den Kuchen nach der Fertigstellung noch warm aus der Form nehmen und auf einem Gitter auskühlen lassen.

Kartoffeln auf Lyoner Art

Wie dem Knoblauch wird auch der Zwiebel seit alters her Heilkraft nachgesagt. Neben ihrem reichen Gehalt an Vitaminen und Mineralstoffen wurden in der Zwiebel auch antibiotische Wirkstoffe nachgewiesen. Aber davon abgesehen ist sie uns natürlich in der Küche durch ihren Geschmack unentbehrlich geworden. Bei dem folgenden Gericht gehen wir bewußt nicht sparsam mit ihr um.

1,2 kg mehligkochende Kartoffeln, 4 Eßlöffel Schmalz, 1 kg Zwiebeln, 1 Teelöffel Salz, Muskat, Pfeffer, 2 Eßlöffel Tomatenmark, 1/4 Liter fertiger brauner Bratensaft, 1 Teelöffel gehackte Petersilie

Die Kartoffeln waschen, schälen und in dünne Scheiben schneiden. In einem Bräter 2 Eßlöffel Schmalz zergehen lassen und darin die Kartoffelscheiben kurz anbraten. Die Zwiebeln schälen, ebenfalls in dünne Scheiben schneiden, in einem weiteren Topf im restlichen Schmalz goldgelb andünsten und dann zu den Kartoffeln geben. Durchmischen, salzen, mit Muskat und Pfeffer würzen und das Tomatenmark hinzufügen. Gut durchrühren und den Bratensaft darübergießen. Zugedeckt im Backofen bei 200° C ca. 15–20 Minuten ziehen lassen. Herausnehmen und mit der Petersilie bestreuen. Dieses Gericht läßt sich wunderbar als Beilage zu Schweine- oder Lammbraten verwenden, der, in dünne Scheiben zerlegt, auf den Kartoffeln serviert werden sollte.

Kartoffeln in der Folie gegart

Früher wurde das abgeerntete Kartoffelkraut auf den Feldern zusammengetragen und angezündet. Die in der Glut gerösteten Nachlesekartoffeln waren ein Genuß, den man heute, im Zeitalter der maschinellen Komplettrodung, noch am ehesten bei Folienkartoffeln nachempfinden kann.

8 sehr große, mehligkochende Kartoffeln,
2 Eßlöffel Öl, 1 Teelöffel Kümmel,
8 Stücke Aluminiumfolie

Die ungeschälten Kartoffeln gut abwaschen und abtrocknen. Die Glanzseite der Alufolienstücke mit Öl bestreichen und die Kartoffeln zusammen mit etwas Kümmel darin einwickeln. Den Backofen auf 200° C vorheizen und die Kartoffeln 1 1/2 Stunden darin garen. Zum Servieren die Folie leicht öffnen, die Kartoffeln kreuzweise einschneiden und dazu verschiedene Soßen aus Frischkäse, Sauerrahm, Mayonnaise oder Ketchup anbieten.

Zwei Soßenbeispiele:

Kräuterschichtkäse: 100 g Schicht- oder Hüttenkäse mit 2 Eßlöffel gehackten Gartenkräutern (Schnittlauch, Kerbel, Kresse usw.), Salz, einigen Spritzern Zitronensaft, Cayennepfeffer und evtl. Knoblauch verrühren.

Feuerteufel: 100 g Tomatenketchup mit insgesamt 200 g Paprika- und Zwiebelwürfeln sowie reichlich rosenscharfem Paprika und etwas Salz verrühren und die Würfel von einem gekochten Ei und 100 g gekochtem Schinken unterheben.

Kartoffeln nach Art der Hausfrau

Für den täglichen Gebrauch in der Küche klaubt man sich ja im allgemeinen die großen Kartoffeln zuerst aus dem Vorrat, und die kleinen, vielerorts auch Mäuschen genannt, bleiben zurück – besonders zahlreich, wenn man die Kartoffeln nicht als Handelsklasse Extra oder I eingekauft hat, sondern als unsortierte Ware. Hier haben Sie einmal die Möglichkeit, diese Mäuschen nach Hausfrauenart zu verwerten.

1,2 kg besonders kleine Kartoffeln,
1 mittelgroße Zwiebel, 1 Eßlöffel Butter,
150 g gekochter Schinken, 1/2 Liter Vollmilch,
Salz, Pfeffer, Muskat, Cayennepfeffer,
30 g heller Soßenbinder oder Stärke,
2 Eßlöffel Milch, 50 g feingeriebener Hartkäse
(Emmentaler), Endiviensalat

Die Kartoffeln gut waschen und in Salzwasser 10 Minuten kochen, danach abpellen und warmstellen. Die Zwiebel fein würfeln und in einem genügend großen Topf in Butter anschwitzen lassen. Die Kartoffeln und den in feine Streifen geschnittenen Schinken hinzugeben und alles gut durchrühren. Die Milch erhitzen und dazugießen, nach Geschmack salzen und würzen und nun so lange köcheln lassen, bis die Kartoffeln gänzlich weich sind. Sie dürfen aber nicht zerfallen. Den Soßenbinder oder die Stärke mit 2 Eßlöffel Milch anrühren, darunter mischen und noch 5 Minuten mitkochen lassen. In eine Schüssel füllen, mit dem Käse bestreuen, den in Streifen geschnittenen Salat zugeben und sofort auftragen. Dieses Kartoffelgericht schmeckt gut zu gekochtem Rindfleisch oder auch nur mit Gemüse oder Salaten als Beilagen.

Kartoffel-Paprikasch

In Ungarn kennt die Küche kaum ein Gericht, das nicht mit Gewürzpaprika abgeschmeckt wird. Man unterscheidet beim Paprika je nach Anteil der mitvermahlenen Samenkerne süßen und scharfen Paprika. Für den hier folgenden Kartoffelpaprikasch sollten Sie nur schärfefreien Delikateß- oder Edelsüßpaprika verwenden. Er ist für alle Soßen- und Ragoutgerichte eine hervorragende Beigabe. Sollten Sie dazu noch ein ungarisches Kesselgulasch kochen, werden diese beiden Gerichte Ihnen und Ihren Gästen sicherlich etwas von der feurigen Pußtaromantik vermitteln.

2 Eßlöffel Fett, 2 kleine, feingewiegte Zwiebeln, 1 gehäufter Teelöffel Edelsüßpaprika, 1 kg neue Kartoffeln, 1/4 Liter Fleischbrühe, Salz, 0,2 Liter dicke saure Sahne (Crème fraîche)

In einem breiten und tiefen Brattopf zwei Eßlöffel Fett erhitzen und darin die Zwiebeln rösten (das Fett nicht zu stark erhitzen, sonst nehmen die Zwiebeln einen bitteren Geschmack an). Den Paprika hinzufügen und mit den Zwiebeln und dem Fett gut verrühren. Die Kartoffeln dünn schälen (Kenner bürsten nur die Schale ab!). In gleichmäßige Viertel schneiden und zu den Zwiebeln geben. Mit der Fleischbrühe so weit aufgießen, daß die Zutaten gerade bedeckt sind. Leicht salzen und zugedeckt so lange köcheln, bis alles weich, aber nicht zerkocht ist. Kurz vor dem Garwerden die saure Sahne vorsichtig einrühren, nochmals kurz aufkochen lassen und das fertige Gericht sofort servieren.

Kartoffel-Schinken-Topf

Knoblauch mit seinem schwefelhaltigen Lauchöl (Allicin) ist ein gern verwendetes Gewürz der Mittelmeerküche. Aber auch in unseren Breitengraden erfreut sich Knoblauch zunehmender Beliebtheit. Wird nur ein Hauch Knoblauch bevorzugt, so sollte lediglich Pfanne, Schüssel oder Topf mit einer Zehe ausgerieben werden. Gehören Sie freilich zur Gemeinde begeisterter Knoblauchanhänger, dann dürften Sie an diesem Gericht besonderen Gefallen finden.

600 g rohe geschälte Kartoffeln in Scheiben, reichlich Fett zum Anbraten, 2–4 Knoblauchzehen, Salz, Butter zum Einfetten, 2 Eßlöffel Semmelbrösel, 300 g gekochter Schinken, 1/8 Liter Vollmilch, 3 Eier, Muskat, Pfeffer

Die Kartoffelscheiben in reichlich Fett goldgelb anbraten. Die Knoblauchzehen häuten, kleinschneiden und zusammen mit einer Messerspitze Salz breiartig zerdrücken. Dieses Knoblauchmus zu den Kartoffelscheiben geben und gut verteilen. Eine feuerfeste Form einfetten und gut mit Semmelbröseln bestreuen. Nacheinander der abwechselnd eine Schicht Kartoffeln und eine Schicht Schinken einfüllen. Die Milch mit den Eiern gut verquirlen, mit Salz, Muskat und Pfeffer nach Belieben abschmecken. Diese Eiermilch so verteilen, daß sie gut in die Kartoffel-Schinken-Masse eindringen kann. Eventuell mit einer Gabel an verschiedenen Stellen hineinstechen, um kleine Einlaufkanäle zu schaffen. In den bei 170–180° C vorgeheizten Backofen schieben und ca. 40–50 Minuten backen. Bräunt die Oberfläche zu stark, legen Sie eine Alufolie darüber. Als Beilage für Lamm- oder Schweinefleischgerichte eine besondere Delikatesse.

Kartoffel-Soufflé

Ein Soufflé zu backen, gilt schon immer als Prüfstein der Kochkunst. Oft zerstört ein wenn auch nur flüchtiger Luftzug die „süße Wolke, die sich über den Horizont der Schüssel wölbt". Doch wem es gelingt, das Soufflé in seiner stolz aufgeblähten Form auf den Tisch zu bringen, kann der Bewunderung seiner Gäste sicher sein.

250 g mehligkochende Kartoffeln, 75 g Zucker, 2 Eigelb, 125 g kandierte Belegkirschen, 50 g Rosinen, 4 Eiweiß, 1 Prise Salz, 10 g Butter, 2 Eßlöffel Semmelbrösel. Für die Schaumsoße: 2 Eigelb, 50 g Puderzucker, 1/8 Liter Gewürztraminer, 2 cl Kirschwasser

Kartoffeln waschen, kochen, abpellen und noch warm durch eine Kartoffelpresse oder ein Sieb drücken. Zucker und Eigelb gut miteinander vermengen und die etwas abgekühlten Kartoffeln hineinrühren. Die Kirschen fein würfeln und zusammen mit den zuvor gewaschenen Rosinen unter die Kartoffelmasse ziehen. Eiweiß mit einer Prise Salz zu einem sehr steifen Schnee schlagen und diesen vorsichtig mit einem Kochlöffel unter die warme Kartoffelmasse heben. Eine große oder vier kleine Auflaufformen ausbuttern, die Semmelbrösel einstreuen und zu zwei Dritteln mit der Soufflémasse füllen. Den Backofen (ohne Umluft!) auf 200° C vorheizen. Die Formen einschieben und bei 175° C je nach Größe 25–35 Minuten backen.
In der Zwischenzeit für die Soße einen Topf Wasser zum Kochen bringen. In einer in den Wassertopf passenden Rührschüssel Eigelb verquirlen, nacheinander Puderzucker, Wein und Kirschwasser zugeben und dann im Wasserbad schaumig rühren. Wenn die Soufflés fertig gebacken sind, die Formen vorsichtig aus dem Ofen nehmen und mit der Soße als Beilage servieren.

Kartoffelspätzle

Spätzle sind bekanntlich eine köstliche urschwäbische Spezialität. Warum sie so heißen, weiß man nicht genau. Vielleicht kommt der Name von der spitz zulaufenden Form, doch diese Erklärung ist nur eine Annahme wie die, die das Wort Spätzle vom italienischen „spezzare“, abbrechen, ableitet. Die Kartoffelspätzle sind eine der vielen Varianten der Spätzlerezepte, die in vielen Gegenden im und um das Schwabenland ihre Liebhaber haben. Diese Spatzen sind oft die Freitagsspeise in streng katholischen Gegenden. Probieren Sie selbst – Sie werden erstaunt sein, wie schmackhaft und sättigend eine Mahlzeit mit Kartoffelspätzle sein kann.

750 g mehligkochende Kartoffeln, 150 g Weißbrot, 1/8 Liter Milch, 2 Eier, Salz, Pfeffer, Muskat, 60 g Butter, evtl. 2–3 Eßlöffel Mehl, etwas Butter zum Anbraten

Kartoffeln schälen, kochen, auskühlen lassen und reiben. Das Weißbrot in der leicht erwärmten Milch einweichen und zusammen mit den Eiern zu den Kartoffeln geben, mit Salz, Pfeffer und Muskat würzen und zusammen mit der flüssigen Butter zu einer Masse verarbeiten. Diese Masse sollte gut binden, ansonsten können 2–3 Eßlöffel Mehl dazugegeben werden. Einen Topf mit reichlich Salzwasser zum Kochen bringen. Mit einem Kaffeelöffel kleine Spatzen vom Teig abstechen und im Salzwasser garkochen. Wenn die Stücke an die Oberfläche steigen, nehmen Sie sie heraus und schrecken sie unter kaltem Wasser ab. Danach gut abtropfen lassen. In einer Pfanne Butter erhitzen, die Spatzen hinzufügen, salzen und leicht anbraten, jedoch nicht rösten lassen. Mit frischer Milch und Käse servieren.

Kartoffel-Topfkuchen

Es gibt kaum eine Gegend in Europa, die nicht ihr besonderes Kartoffelgericht hätte. Oft ähneln diese Gerichte einander zwar dem Namen nach, vergleicht man jedoch die einzelnen Zutaten miteinander, trifft man nur selten auf Übereinstimmungen. Die vielen Varianten bei der Zubereitung des Kartoffel-Topfkuchens würden ein eigenes Buch füllen. Nennen wir nur einige Namen für die verschiedenen Spielarten: Döbbekuchen, Döbbekooche, Dippekuche, Dulkes oder Dippedotz. Lassen Sie sich durch das hier ausgewählte Beispiel herausfordern, Ihrer Phantasie freien Lauf zu lassen, und fügen Sie der Vielfalt ein weiteres Rezept mit individuell-familiärem Namen hinzu!

2 kg mehligkochende Kartoffeln, 500 g Zwiebeln, 2 Eier, Salz, Muskat, Majoran, 250 g Dörrfleisch oder mild gesalzener Räucherspeck, etwas Öl

Kartoffeln schälen, reiben, in einem Tuch etwas auspressen und zusammen mit den ebenfalls geriebenenen Zwiebeln, den Eiern und Gewürzen zu einem Teig verrühren. Das Dörrfleisch oder den Speck würfeln, etwas anbraten und unter den Teig kneten. Eine Auflaufform mit dem Öl gut ausfetten und die Kartoffel-Fleisch-Masse hineinfüllen. Einige Löcher in die Oberfläche des Teigs bohren und etwas Öl einfüllen. In den auf 200° C vorgeheizten Backofen schieben und 2 Stunden backen, zwischendurch mehrere Male die Oberfläche mit Öl einpinseln. Apfel- und/oder Dörrobstkompott sollten bei einem echten rheinländischen Döppekooche auf keinen Fall fehlen!

Kartoffelwurst

Die Kartoffelwurst stammt aus dem Hunsrück, dem waldreichen südwestlichen Flügel des Rheinischen Schiefergebirges, einer Gegend, die nie mit besonderem Wohlstand gesegnet war. Aus der Not der einfachen Leute verklärte sich die Gestalt des Räuberhauptmanns Johann Bückler, genannt Schinderhannes, zu einer Art deutschem Robin Hood. Anfang des 19. Jahrhunderts erleichterte er mit seinen Gesellen wohlhabende Städter um ihre reichgefüllten Börsen. Seine Versicherungen, er habe die Beute unter die Armen verteilt, nützten ihm im Prozeß nichts: Am 21. November 1803 wurde er mit seiner Bande in Mainz öffentlich hingerichtet. Uns bleibt heute als Erinnerung an ihn und die ärmlichen Lebensumstände zu seinen Lebzeiten dieses Festessen armer Leute.

1 Schweinedarm oder nicht allzu großer Kunstdarm, 1,5 kg Schweinebauch, 250 g mageres Rindfleisch, 2 kg Kartoffeln, 2–3 eingeweichte Brötchen, Salz, Pfeffer, Nelkenpulver, Muskat, Majoran, etwas Fleischbrühe

Das Fleisch grob zerkleinern und mit so viel Wasser weichkochen, daß das Fleisch bedeckt ist. Die Kartoffeln schälen, kochen und halbieren, das Fleisch hinzufügen und zusammen mit den eingeweichten Brötchen durch die nicht zu feine Scheibe des Fleischwolfs drehen. Das Ganze würzen und mit etwas Fleischbrühe zu einer geschmeidigen Masse verrühren. Die Masse mit einem Trichter in den Darm füllen und zu 200–300 g schweren Ringen binden (sie dürfen nicht zu prall gefüllt sein!). Einen Topf mit leicht gesalzenem Wasser aufsetzen und bei 80–85° C die Würste darin 1 Stunde ziehen lassen. Sollten die Portionen zu üppig sein – Sie können ohne weiteres Teile davon einfrieren.

Kartoffel-Zwetschgen-Schnitte

Wir sind zwar gewohnt, die Kartoffel in irgendeiner Form dem Hauptgericht als Beilage zuzugesellen, aber sie kann auch in Verbindung mit Früchten einem leichten Hauptgang folgen und die Mahlzeit abrunden.

800 g mehligkochende Kartoffeln, Salz, 4 Eigelb, 80 g Kartoffelstärke, abgeriebene Schale einer ungespritzten Zitrone, 2–3 Spritzer Vanillearoma, 30 g Butter, 2 Eßlöffel Semmelbrösel, 2 Eßlöffel geriebene Nüsse, 500–750 g Zwetschgen, 120 g Zucker, 90 g Butter, 1 Messerspitze Zimt

Die Kartoffeln schälen, in Salzwasser weichkochen, abschütten, gut ausdampfen lassen und durch eine Kartoffelpresse drücken. Eigelb, Kartoffelstärke, die abgeriebene Zitronenschale sowie das Vanillearoma zu den Kartoffeln geben und das Ganze mit einem Kochlöffel zu einem Teig verarbeiten. Ein Backblech (Ø 28 cm oder 20 × 20 cm) mit 30 g Butter ausfetten und den Kartoffelteig gleichmäßig darin verteilen. Die Semmelbrösel mit den abgeriebenen Nüssen vermischen und den Teig damit bestreuen. Die Zwetschgen waschen, halbieren und entsteinen. Die Fruchthälften mit den Spitzen dicht beieinander leicht in den Teig drücken und so die ganze Form belegen, anschließend mit der Hälfte des Zuckers bestreuen. Den Backofen auf 180° C vorheizen und den Kartoffelkuchen darin 40–50 Minuten backen. Die Butter schmelzen, den restlichen Zucker und den Zimt hineinrühren und über das fertige Gericht gießen. Heiß servieren.

Auch mit Apfelspalten oder anderen Früchten statt der Zwetschgen können Sie diese leckere Kartoffelschnitte belegen.

Käsekartoffeln

Dieses Gericht erhält seine unvergleichliche Note durch die Beigabe von Roquefort, dem wohl ältesten Blauschimmelkäse der Welt. Der außergewöhnliche Geschmack dieses Käses bildet sich während seines Reifeprozesses in der Felsenhöhle von Roquefort im Departement Aveyron, Frankreich. Ein einzigartiges natürliches Belüftungssystem mit unzähligen Felsspalten läßt aus reiner, mit Lab (einem Ferment) dickgelegter Schafsmilch die auf der ganzen Welt geschätzte Köstlichkeit entstehen. Sie macht neue Kartoffeln zu einem besonders delikaten Genuß.

1 kg große neue Kartoffeln, 1 Eßlöffel Kümmel, Salz, 500 g Karotten, 200 g Erbsen, 1 Prise Zucker, 200 g Roquefort, 3 Eßlöffel Butter, je 1 Bund Schnittlauch und Petersilie, 1/4 Liter Fleischbrühe

Die Kartoffeln gut waschen und ungeschält unter Beigabe des Kümmels in Salzwasser 20 Minuten kochen lassen, herausnehmen, pellen und halbieren. Die Karotten waschen, schälen und in kleine Würfel schneiden. Zusammen mit den Erbsen in wenig Salzwasser, dem etwas Zucker zugegeben wird, 10 Minuten dünsten lassen. Kartoffeln und Gemüse in eine gefettete feuerfeste Form geben. Den Roquefortkäse mit der Butter und den feingehackten Kräutern zu einer Creme verrühren und jede Kartoffelhälfte damit bestreichen. Die Fleischbrühe angießen und 10–15 Minuten bei 200°C backen. Zusammen mit frischen Salaten bildet dieses Gericht eine schmackhafte Mahlzeit.

Einfüllgewicht
2½ kg

Kümmelkartoffeln

Zu uns kommen die ersten Frühkartoffeln meist aus dem gemäßigten Klima der Mittelmeerinsel Malta, oft auch unter dem Namen Maltakartoffeln bekannt. Daß diese Frühkartoffeln etwa zeitgleich mit dem als König des Gemüses bezeichneten Spargel auf dem Markt sind, kann nur als göttliche Weisheit verstanden werden: Spargel und Maltakartoffeln bilden geschmacklich eine einander ideal ergänzende Harmonie und werden von Feinschmeckern besonders geschätzt.

750 g kleine neue Kartoffeln, Salz,
2 Eßlöffel Kümmel, etwas Butter

Kartoffeln unter fließendem Wasser gut bürsten, ungeschält in einen Topf schichten und gerade eben mit Wasser bedecken. Salz und Kümmel hinzufügen und nicht zu weich kochen. Butter schmelzen und etwas Kümmel hinzufügen. Die gegarten Kartoffeln herausnehmen, abpellen und halbieren, dann in der geschmolzenen Butter schwenken, leicht salzen und abschließend kurze Zeit darin leicht rösten lassen. Dazu frischen Spargel reichen.

Labskaus

Wenn's ein Gericht gibt, über dessen Geschmack die Meinungen stark auseinandergehen, so ist dies das Labskaus. Das mag einerseits an der wohl etwas merkwürdigen Zusammensetzung, andererseits an der Tatsache liegen, daß über Labskaus die abenteuerlichsten Dinge erzählt werden. Eines ist jedoch sicher – sehr oft, wenn Matrosen sich zu einer Wiedersehensfeier treffen, darf Labskaus nicht fehlen.

1 kg gepökeltes Rindfleisch von Brust oder Wade, 1 Zwiebel, mit 1 Lorbeerblatt und 2 Gewürznelken gespickt,
1 kg mehligkochende Kartoffeln, 3 große Zwiebeln, 2–3 Eßlöffel Schweineschmalz, Salz, weißer Pfeffer.
Für die Garnitur: 4 Salzgurken, 4 Matjes- oder Heringsfilets, 4 Spiegeleier

Das Pökelfleisch zusammen mit der gespickten Zwiebel in reichlich Wasser 1 Stunde kochen. Die Kartoffeln schälen, in gleichmäßige Teile schneiden und weichkochen. Die Zwiebeln kleinschneiden und in dem Schmalz glasig dünsten, mit der Kochbrühe ablöschen und weichdünsten. Das Fleisch durch die feine Scheibe des Fleischwolfs drehen und zu den abgeschütteten Kartoffeln geben, mit einem Stampfer alles gut durchstoßen, so daß ein richtiger Brei entsteht. Durch das Pökelfleisch nimmt dieser Brei eine rötliche Farbe an. Mit Pfeffer und Salz abschmecken und jede Portion mit einer in Stücke geschnittenen Salzgurke und einem Matjes- oder Heringsfilet garnieren. Als Abschluß ein Spiegelei daraufsetzen und sehr heiß servieren.

Lappenpickert

Kennen Sie Pickert? Ein echter Lipper oder Ravensberger braucht sicherlich keine Belehrung. In der Diskussion über die richtige Zubereitung aber läßt sich keine Einigung finden, da rund um den Teutoburger Wald, der Heimat des Pickerts, zahllose Variationen zu finden sind, auch als Kastenpickert, der nicht wie ein flacher Lappen, sondern in der Kastenform gebacken wird.

1/2 Liter Milch, 25–30 g Hefe,
1,2 kg mehligkochende Kartoffeln, 3 Eier,
3 Eßlöffel Mehl, 1 Messerspitze Salz, 1 Eßlöffel Zucker, 200 g Rosinen, eine dicke Speckschwarte oder 1–2 Eßlöffel Schmalz zum Einfetten der Pfanne

1/4 Liter Milch auf ca. 30° C erwärmen und die zerbröckelte Hefe darin auflösen. Die Kartoffeln waschen, schälen und auf ein Tuch reiben. Dann das Kartoffelwasser etwa zur Hälfte durch das Tuch herauspressen und wegschütten. Die verbliebene Kartoffelmasse mit der restlichen Milch, den Eiern, Mehl, Salz und Zucker sowie den gewaschenen Rosinen zu einem Teig verrühren, die in Milch aufgelöste Hefe daruntermischen. Das Ganze nun zugedeckt etwa eine Stunde an einem warmen Ort stehenlassen, bis der Teig deutlich sichtbar aufgeht. Eine geeignete Pfanne – am besten eine gußeiserne – mit der Speckschwarte oder etwas erhitztem Schmalz ausreiben, den Teig etwa 1 cm hoch einfüllen und so lange braten, bis die Unterseite schön goldbraun ist. Den Pickert wenden und von der anderen Seite braten. Wenn Sie eine gußeiserne Pfanne mit zwei Henkeln statt des Stiels besitzen, wie sie in der Heimat des Pickerts benutzt wird, können Sie ihn auch bei 170–180° C im Ofen backen und brauchen ihn nicht zu wenden. Ein echter Lipper bestreicht seinen Pickert mit Butter und Marmelade oder hausgemachter Leberwurst.

Maultaschen aus der Schmankerlküche

Die Kartoffel geriet wohl deswegen in die speziell süddeutsche Mehlspeisenfamilie der Maultaschen, weil sich aus gekochten und passierten Kartoffeln ein vielseitig verwendbarer Teig herstellen läßt.

Für den Teig: 800 g mehligkochende Kartoffeln, 2 Eigelb, 120 g Mehl, Salz, Muskat, 1–2 Eßlöffel Stärke.
Für die Füllung: 4 mittelgroße Äpfel, 150 g Magerquark, 120 g Zucker, 100 g mit Rum getränkte Rosinen, 100 g geriebene Haselnüsse, Zimt, 100 g geschmolzene Butter, Puderzucker

Geschälte, gekochte Kartoffeln durch eine Kartoffelpresse drücken, mit Eigelb und Mehl zu einem Teig verarbeiten und mit Salz und Muskat würzen. Den Kartoffelteig zu einer 5–7 cm dicken Rolle formen und dann in 8 gleichmäßige Stücke zerteilen. Diese bis zu einer Stärke von 1/2 cm ausrollen. Klebt die Masse zu stark, kann mit etwas Stärke Abhilfe geschaffen werden. Die Äpfel schälen , entkernen, vierteln und in feine Scheibchen schneiden, mit Quark, Zucker, den Rosinen und den Haselnüssen vermischen und mit Zimt würzen. Die Masse nun auf die einzelnen Kartoffelteigstücke verteilen. Anschließend die Kartoffelfladen zusammenrollen, nebeneinander in eine gut gebutterte Auflaufform oder auf ein Backblech setzen und die zerlassene Butter gleichmäßig mit einem Pinsel darüberstreichen. Im vorgeheizten Backofen nun bei 200° C 40 Minuten überbacken (wenn nötig, nochmals mit Butter einpinseln). Vor dem Servieren mit gesiebtem Puderzucker bestreuen. Statt mit Äpfeln können Sie dieses Gericht auch einmal mit Birnen versuchen.

Mirette-Kartoffeln

Die Kartoffel hätte wohl nie den Aufstieg in die sogenannten höheren Stände geschafft, hätte man sie in der gleichen Art und Weise angeboten, wie dies in den Bürgerhäusern üblich war. Nicht, daß die Kartoffel dem Adel nicht gemundet hätte, aber sie wurde zunächst schlicht abgelehnt, weil es sich einfach nicht schickte, das Gleiche zu essen wie das niedere Volk. Der uns schon bekannte Antoine Augustin Parmentier (1737–1813) wußte auch hier einen eleganten Ausweg: Er fügte einfachen Kartoffeln aufwendige und teure Zutaten bei, z. B. Kaviar oder Trüffeln, und schon war auch die Kartoffel gesellschaftsfähig. Haben Sie aber keine Angst um Ihren Geldbeutel: Bereits die Zugabe weniger Gramm der kostbaren Trüffeln genügt, um dieses Gericht zu einem wahren Gaumenschmaus zu machen.

750 g festkochende Kartoffeln, 2 Eßlöffel Butter, Salz, Pfeffer, Paprika, etwas Butter zum Einfetten, 200 g Champignons, einige Trüffeln (je mehr, desto besser), 1/2 Liter brauner Bratensaft, 200 g geriebener vollfetter Käse (z. B. Emmentaler)

Die Kartoffeln schälen und in 1/2 cm große Würfel schneiden. In einer großen Stielpfanne die Butter erhitzen und die Kartoffelwürfel kurz von allen Seiten anbraten, mit Salz, Pfeffer und etwas Paprika würzen und dann in eine gefettete feuerfeste Form legen. Die Champignons waschen und kleinschneiden, mit den Kartoffeln vermischen. Die Trüffeln in feine Streifen schneiden und ebenfalls unter die Kartoffeln mengen. Mit dem Bratensaft so weit auffüllen, daß die Kartoffeln gerade bedeckt sind. Im bei 180°C vorgeheizten Backofen 40 Minuten backen lassen. Danach das Gericht herausnehmen, mit dem Käse bestreuen und nochmals in den Ofen geben, bis sich eine appetitliche Kruste gebildet hat. Heiß servieren.

Moussaka

Dieses Gericht mit dem griechisch klingenden Namen kennt man mit unterschiedlichen Zutaten auch in Jugoslawien, der Türkei und vielen arabischen Ländern. Außer mit Auberginen, die die Regel sind, hier eine beliebte Version auch mit Kartoffeln.

Butter zum Einfetten, 2 Eßlöffel Semmelbrösel, 2 große Auberginen, Salz, 300 g Lamm- oder Rinderhack, 2 Zwiebeln, Cayenne, Knoblauch, Paprika, Muskat, Pfeffer, 250 g Gemüse der Saison, z. B. Blumenkohl, Erbsen, Bohnen, Kürbis, 4–5 abgezogene Tomaten, 500 g Kartoffeln, 200 g Magerquark, 4 Eier, 1 Eßlöffel Kräuter, ca. 100 g Ziegenkäse

Eine feuerfeste Auflaufform einfetten und mit Semmelbröseln bestreuen. Die Auberginen in 1/2 cm dicke Scheiben schneiden, salzen, beidseitig anbraten und damit die Form auslegen. Das Hackfleisch zusammen mit den Zwiebeln anbraten, pikant würzen und in sehr wenig Flüssigkeit 10 Minuten dünsten lassen. Danach das kleingeschnittene Gemüse und die Tomaten, ebenfalls in kleine Stücke geschnitten, dazugeben und weitere 10 Minuten köcheln lassen. Die geschälten Kartoffeln in feine Scheiben schneiden, anbraten, salzen und schichtweise abwechselnd Kartoffeln und Hackfleisch auf die Auberginen füllen. Die Hackmasse etwas abkühlen lassen und nun den Quark, gut verrührt mit den Eiern und Kräutern, darübergeben. Das Gericht mit Semmelbröseln bestreuen und, wenn Sie es mögen, mit einigen Stücken Ziegenkäse belegen. Im Ofen eine Stunde bei 170–180° C garen lassen. Vor dem Servieren stürzen und wie einen Kuchen in Stücke aufteilen.

ACHAIA
CLAUSS
ACHAIA-CLAUSS
IMPORTEUR : PAPPAS
ALKOHOLGEHALT
11,5% Vol.
7443

Navarin

Im Jahre 1827 besiegte bei Navarino, dem heute Pilos genannten griechischen Hafen, eine englisch-französisch-russische Flotte die Türken und Ägypter. Hatte dieses Eintopfgericht vor der Schlacht die Kampfkraft der Franzosen gestärkt, war es ihr Siegesmahl, oder haben sie das Rezept den Hausfrauen von „Navarin“ abgeschaut, als sie den Hafen noch fünf Jahre besetzt hielten – wer weiß das?

1 kg Lammfleisch (Hals, Brust), 1–2 Knoblauchzehen, Pfeffer, 2 Eßlöffel Öl, 1 große Zwiebel, Salz, 2–3 Tomaten, 1/4 Liter Bratensoße, 1/4 Liter Wasser, 600 g Kartoffeln, 150 g Perlzwiebeln, 200 g Karotten, 1 Teelöffel gehackte Gartenkräuter (Kerbel, Petersilie, Liebstöckel)

Das Lammfleisch in Würfel von ca. 2 cm schneiden, mit dem zerdrückten Knoblauch und dem Pfeffer einreiben, Öl darunterrühren und 10 Minuten ruhen lassen. Die Fleischwürfel in einem Topf kurz von allen Seiten anbraten und anschließend die feingeschnittene Zwiebel hinzufügen, salzen. Die geviertelten Tomaten zusammen mit der Bratensoße und dem Wasser zum Fleisch geben, zugedeckt auf schwacher Flamme oder niedriger Schaltstufe ca. 1 Stunde schmoren lassen, dabei gelegentlich umrühren. Das Fleisch mit einer Schöpfkelle aus der Soße nehmen und warmstellen. Die Soße durch ein Sieb passieren. Die Kartoffeln schälen, würfeln oder zu kleinen Kugeln ausstechen und zusammen mit den Perlzwiebeln und den in Würfel geschnittenen Karotten in die Soße geben, 15 Minuten köcheln lassen. Nun das Fleisch hinzufügen und weitere 10 Minuten mitkochen lassen. In einer Schüssel anrichten und mit den frisch gehackten Gartenkräutern bestreuen.

Oberschlesischer Kartoffel-Sauerkraut-Topf Bigosch

Viele Menschen verloren im Zweiten Weltkrieg bei der Flucht oder Vertreibung aus dem Osten ihren ganzen Besitz. Gerade deswegen haben sie sich viele Erinnerungen bewahrt, nicht zuletzt an die Besonderheiten der früheren heimatlichen Küche. Für die Schlesier ist der Bigosch solch eine kulinarische Erinnerung.

100 g magerer geräucherter Bauchspeck, 1 großer Eßlöffel Schmalz, 500 g Schweinehals oder -schulter ohne Knochen, Salz, Pfeffer, Muskat und scharfer Paprika, 3/4 Liter fertige Fleischbrühe, 500 g Weinsauerkraut, 800 g festkochende Kartoffeln, Wasser, etwas schwarzer Pfeffer aus der Mühle

Den Speck von Schwarte und Knorpeln befreien, in Streifen schneiden und im zerlassenen Schmalz etwas anbraten. Fleisch in grobe Würfel geschnitten beifügen und mit Pfeffer, Muskat und Paprika würzen. Anschließend die Brühe hinzugießen und zugedeckt 1/2 Stunde leicht köcheln lassen. Das Sauerkraut ein wenig zerkleinern und dem Fleisch beifügen, durchrühren und weitere 30 Minuten ziehen lassen. Die Kartoffeln schälen und in 1/2 cm dicke Scheiben schneiden, in Salzwasser separat kochen und, kurz bevor sie gar sind, vorsichtig unter die übrigen Zutaten mischen, damit ihr schönes Äußeres und ihre feste Beschaffenheit erhalten bleiben. In einer Schüssel anrichten und nochmals mit etwas frisch gemahlenem schwarzem Pfeffer bestreuen. Dieses Gericht darf eine herzhafte Schärfe aufweisen.

O'Brien-Kartoffeln

Es gibt böse Zungen, die behaupten, der Engländer habe die Tischrede nur deswegen erfunden, um von seinem unzulänglich zubereiteten Essen abzulenken. Wer freilich einmal Gelegenheit hatte, gute englische Küche zu genießen, wird dieses Vorurteil nicht teilen können. Kartoffeln auf vielseitigste Art und in den unterschiedlichsten Gerichten schmackhaft auf den Tisch zu bringen, ist gerade in England eine angenehme kulinarische Überraschung.

1 Eßlöffel Butter, 1 kleine Zwiebel, 1 kleine grüne und 1 kleine rote Paprikaschote, 1 Eßlöffel Öl, 500 g festkochende Kartoffeln, Salz, Pfeffer

Die Butter in einem Topf schmelzen und darin die feinwürflig geschnittene Zwiebel andünsten. Die Paprikaschoten halbieren, wie üblich innen sorgfältig von Kernen usw. säubern, in Streifen und dann in Würfel schneiden, zu den Zwiebeln geben und mitdünsten. Die Kartoffeln waschen, schälen und in 1/2 cm große Stücke schneiden. In einer Pfanne das Öl erhitzen. Die Kartoffeln im Öl unter gelegentlichem Wenden goldgelb, aber nicht zu weich braten. Mit Salz und Pfeffer würzen. Die Kartoffelwürfel werden mit der Zwiebel-Paprika-Mischung überzogen und kräftig durchgeschwenkt. Als Beilage für kurzgebratenes Fleisch geeignet.

Ofenguck

Schon früh wurden Herde und Öfen mit Gucklöchern an ihren Backraumtüren versehen, die es ermöglichten, Speisen während des Backvorgangs zu beobachten, ohne ständig die Ofentür öffnen zu müssen. Für dieses Gericht ist das Sichtfenster Vorbedingung des Gelingens, da es beobachtet werden sollte, wie es beim Aufgehen goldgelb wird, und doch bei der geringsten Zugluft in sich zusammensacken würde.

600 g mehligkochende Kartoffeln, 4 Eßlöffel Milch, 4 Eßlöffel Rahm, 50 g Butter, Salz, Muskatblüte, 2 Eßlöffel Mehl, 3 Eiweiß, Butter zum Einfetten und Pinseln, 250 g Käse

Kartoffeln schälen, kochen und durch eine Kartoffelpresse drücken, mit Milch, Rahm und Butter zu einem Püree rühren, mit Salz und Muskatblüte würzen und das Mehl beimischen. Dann die zu festem Schnee geschlagenen Eiweiß unterheben. Eine feuerfeste Form ausbuttern und den Kartoffelbrei darin verteilen. Die Oberfläche mit Butter bepinseln und mit dem geriebenen Käse bestreuen. Im vorgeheizten Backofen bei 200° C 20–25 Minuten aufgehen lassen, bis der Brei goldgelb ist. Zusammen mit herzhaft angemachtem Salat eine leckere Mahlzeit!

Ofenkartoffeln

Bei diesem Rezept können Sie nach Herzenslust selbst etwas ausprobieren. Sie müssen nur darauf achten, die Füllungszutaten für die Kartoffeln entsprechend zu zerkleinern, damit man sie bequem in die Kartoffeln füllen kann.

8 gleichmäßig große, möglichst festkochende Kartoffeln, 1/2 Liter Milch, 1 große Zwiebel, 1 Eßlöffel Butter, 150 g frische Champignons, 100 g gekochter Schinken, frische Kräuter (Petersilie, Schnittlauch), Salz, Butter zum Einfetten, 1/4 Liter süße Sahne und etwas Soßenbinder

Die Kartoffeln waschen, schälen, einen Deckel abschneiden, mit einem kleinen Löffel nicht zu stark aushöhlen und in etwas Milch einlegen. Die Zwiebel fein würfeln und in Butter glasig dünsten. Die gewaschenen Champignons kleinschneiden, zu der Zwiebel geben und ebenfalls dünsten. Anschließend den feingeschnittenen Schinken hinzufügen. Nun die herausgehöhlte Kartoffelmasse zerkleinern und beigeben. Das Ganze mit den gehackten Kräutern gut vermischen. Nach Geschmack salzen und die fertige Mischung in die ausgehöhlten Kartoffeln füllen. Von der Mischung ein wenig zurückbehalten. Eine ofenfeste Bratform gut ausbuttern und die Kartoffeln nebeneinander hineinsetzen. Den Rest der Füllung darüber verteilen und mit leicht gesalzener Milch zur Hälfte angießen. Die gefüllten Kartoffeln bei 180°C im vorgeheizten Backofen je nach Größe der Kartoffeln 30–45 Minuten garen. Sollte eine zu starke Bräunung eintreten, Alufolie darüberlegen. Die Kartoffeln herausnehmen, den Bratsatz mit Sahne ablöschen, etwas Soßenbinder einrühren, nach Belieben würzen und als Soße separat servieren.

Olivenkartoffeln in Minzebutter

Diese klassische Kartoffelzubereitung stammt aus der Zeit der „grande cuisine", jener kulinarischen Epoche, wo weniger die Zutat als vielmehr ihre raffinierte Zubereitungsart und besonders die dekorative Wirkung im Mittelpunkt der Kochkunst standen. Natürlich war es für die Köche, die ständig auf der Suche nach neuen Arrangements waren, von großem praktischen Vorteil, wenn ihre künstlerischen Gebilde, wie z. B. Olivenkartoffeln, durch gleiche Form und Größe der Zutaten denselben Garzeitpunkt hatten.

Kartoffeln in Olivenform machen zwar immer ein wenig Arbeit, doch geschmacklich und optisch sind sie das kulinarische „Tüpfelchen auf dem i", z. B. als Zugabe für Gerichte mit gebratenem Kalbs- oder Geflügelfleisch. Es wird Ihnen ohne Mühe gelingen, folgende Rezeptur einmal zu probieren.

1 kg Kartoffeln, Salz, 100 g Butter, ca. 5 g frische oder getrocknete Pfefferminzblätter

Die Kartoffeln schälen und aus ihnen olivenähnliche Formen herausschälen. Die entstandenen Reststücke kann man aufheben für ein Gericht, das Püreekartoffeln verlangt. Die zugeschnittenen Kartoffeln in Salzwasser garen – Achtung: nicht zu weich werden lassen! –, herausnehmen und abtropfen lassen. In einem großen Bräter die Butter schmelzen, die Kartoffeln hinzufügen und mit den Pfefferminzblättern bestreuen. Den Bräter rütteln, damit die Kartoffeln bewegt werden und dabei von allen Seiten leicht anbräunen können. Sehr heiß servieren.

Pellkartoffeln mit Kräuterquark

Diese Art der Kartoffelzubereitung gilt bei ernährungsbewußten Kartoffelliebhabern als die vollkommenste, weil hier die nähr- und mineralstoffreiche Schale bis zuletzt erhalten bleibt. Für das Rezept verwenden Sie bitte nur junge, glattschalige Kartoffeln.

8–12 mittelgroße Kartoffeln einer überwiegend festkochenden Sorte, pro Kartoffel 10 g Butter.
Für den Kräuterquark: 2 Eßlöffel Sauerrahm, 250 g Magerquark, 1 Teelöffel Senf, 1 Teelöffel Kapern, 1–2 Essiggurken, 1–2 Eßlöffel feingehackte Kräuter (z. B. Petersilie, Schnittlauch, Kresse, Zitronenmelisse), Salz, einige Spritzer Worcestersoße, etwas Zitronensaft

Die Kartoffeln gut waschen, evtl. abbürsten und in einem Dampfkochtopf 15–20 Minuten dämpfen. Sie sollten weich sein, dürfen jedoch nicht zerfallen. Herausnehmen, mit zwei Gabeln an der Oberseite einstechen, etwas auseinanderdrücken und auf jede Kartoffel ein Butterstück legen. Die Kartoffeln dann sofort mit dem Kräuterquark servieren. Während die Kartoffeln garen, bereiten Sie den Kräuterquark auf folgende Art: Den Rahm zum Quark geben und mit einem Schneebesen glattrühren. Den Senf, die feingehackten Kapern und die kleingeschnittenen Essiggurken und Kräuter einrühren, mit Salz und Worcestersoße würzen. Zur Abrundung des Geschmacks können noch einige Spritzer Zitronensaft hinzugegeben werden.

Peruanischer Kartoffeltopf Nah-oatli

Im heutigen Peru werden Kartoffeln in einer Art Gefriertrocknung als „Chuños“ haltbar gemacht, die schon die Inkas praktizierten. Daß die Nachkommen auch mit frischen Kartoffeln vorzüglich umzugehen wissen, zeigt der Nahoatli. Der zum Würzen mitverwendete rote Cayennepfeffer hat nur den Namen mit dem weißen, schwarzen oder grünen Pfeffer gemein. Er wird aus den Schoten der mittelamerikanischen Chilipflanze gewonnen, die dem Paprika nah verwandt ist und wie ja auch die Kartoffel zu den Nachtschattengewächsen gehört.

500 g kleine Kartoffeln, 500 g Fleisch vom Kalb oder einem sehr jungen Rind, 2 Knoblauchzehen, Salz, Pfeffer, Cayennepfeffer, 100 g mild geräucherter Speck, 2 Eßlöffel Tomatenmark, 1 kleine Dose Feuerbohnen (Indianerbohnen), 1 kleine Dose Zuckermais, ein wenig Fleischbrühe, 3–4 frische Salbeiblätter

Die Kartoffeln in der Schale kochen, pellen und vierteln. Das Fleisch in Streifen schneiden, anbraten und mit Knoblauch, Salz, Pfeffer und Cayenne würzen. Den Speck ebenfalls in Streifen schneiden, dem Fleisch beifügen und mitdünsten. Anschließend das Tomatenmark hinzufügen. Dieses Gemisch nun zusammen mit den Bohnen und dem Mais garen, dabei nach Geschmack salzen. Anschließend die Kartoffelviertel dazugeben, mit etwas Brühe (1/8–1/4 Liter) aufgießen und zugedeckt 10 Minuten ziehen lassen. Vor dem Anrichten mit Salbeiblättern verzieren.

Petaton

Unter dieser Bezeichnung verstehen die Franzosen eine besonders pikante Pastete. Dabei wird eine Kuchenform mit einem Salz-Mürbeteig ausgelegt und mit einer delikaten Füllung versehen. Mit neuem Wein oder Cidre, dem Apfelwein der Normandie, wird der Petaton besonders geschätzt.

Für den Teig: 300 g Mehl, 150 g Butter, 1/2 Teelöffel Salz, 0,1 Liter Wasser, 2 Eier, etwas Mehl.
Für die Füllung: 150 g Käse, 500 g Kartoffelpüree, 2 Eigelb, 50 g Mehl, 0,2 Liter Wasser, 0,1 Liter Milch, 2 Eiweiß

Aus den Teigzutaten einen Reibeteig herstellen: Mehl und Fett verreiben, mit Salz, Wasser und verquirlten Eiern zu einem geschmeidigen Teig verarbeiten. Auf einem bemehlten Brett ausrollen und anschließend den Teig in einer Backform (∅ 29 cm) auslegen. Für die Füllung den Käse fein würfeln und mit dem Kartoffelpüree vermengen. Die Eigelb mit Mehl, Wasser und Milch verrühren, die Eiweiß zu Schnee schlagen und unterziehen. Alles in die mit Teig ausgelegte Backform füllen. In den vorgeheizten Backofen schieben und 30–40 Minuten bei 185–200° C goldgelb backen.
Der Petaton sollte warm und mit frischen Salaten serviert werden.

LIEBLICH
CIDRE

Pichelsteiner

Historiker schreiben, daß Bismarck diesem Eintopf während seiner regelmäßigen Kuraufenthalte in Bad Kissingen besonders gern zusprach, und so wurde im Volksmund der Pichelsteiner auch als „Bismarck-Ragout" bekannt.

*500 g Rind- und/oder Schweinefleisch,
2–3 mittelgroße Zwiebeln, 1/2 Sellerieknolle,
2–3 Mohrrüben, 1/2 Stange Lauch,
500 g geschälte Kartoffeln, Schmalz, Salz,
Pfeffer, Majoran, 1/2 Liter Fleischbrühe,
reichlich Schnittlauch*

Fleisch, Zwiebeln und Gemüse nicht zu fein würfeln. Die Kartoffeln in gleichmäßige Scheiben schneiden und mit dem Gemüse mischen. Zwiebeln und Fleisch zusammen in einem Topf mit etwas Schmalz anbraten, danach mit Salz, Pfeffer und Majoran würzen und warmstellen. Ein Drittel des Fleisches in einen tiefen Topf geben, abwechselnd die Kartoffel-Gemüse-Mischung und das restliche Fleisch einschichten und würzen. Darüber die Fleischbrühe gießen, den Topf verschließen und das Ganze bei mäßiger Hitze 1 1/2 Stunden langsam ziehen lassen. Während dieser Zeit den Topf einige Male kräftig durchschütteln, um ein Anbrennen zu verhindern. Im Dampfgartopf verkürzt sich die Garzeit um ein Drittel. Den fertigen Eintopf in Portionen aufteilen, mit reichlich feingeschnittenem Schnittlauch bestreuen und zusammen mit einem kräftigen Bauern- oder Holzofenbrot servieren. Wenn Sie zu allem noch einen Krug Bier reichen, so können Sie versichert sein, daß der Waldgeist vom Büchelstein Ihnen beim Essen Gesellschaft leistet.

Pikante Kartoffelnester

Hier ein Gericht, bei dem Sie ein Fertigprodukt verwenden können, ohne auf eine individuelle Note zu verzichten.

1 Packung Fertigpüree oder
600 g mehligkochende Kartoffeln,
1/4 Liter Milch, 80 g Butter, Salz, Muskat.
Für die Füllung: 1 große Zwiebel, 2 Eßlöffel Butter, je 2 rote und grüne Paprikaschoten,
150 g vorgekochte Zuckermaiskörner,
250 g gepökelte und gekochte Ochsenzunge (evtl. gekochter Schinken als Ersatz),
1 Eßlöffel Tomatenketchup,
1/4 Liter vorbereitete Paprikasoße,
8 kleine Sträußchen Petersilie

Fertigpüree nach Vorschrift anrühren und zerlassene Butter zugeben oder die Kartoffeln schälen, weichkochen, abschütten, pürieren und mit heißer Milch, in der die Butter geschmolzen wurde, zu einem sahnigen Püree rühren. Mit Salz und Muskat würzen.

Für die Füllung zunächst die Zwiebel sehr fein schneiden und in der geschmolzenen Butter anschwitzen lassen. Die zuvor gewürfelten Paprikaschoten und den Mais hinzufügen und alles 10 Minuten dünsten lassen. Anschließend die in ca. 1/2 cm große Würfel geschnittenen Zungen- oder Schinkenstücke hinzugeben, Ketchup und Paprikasoße einrühren, 5 Minuten durchkochen lassen.

Das Püree mit einem Spritzbeutel und einer großen Sterntülle zu acht gleichmäßigen Nestern auf eine feuerfeste Unterlage spritzen, die Füllung darauf verteilen, 3–5 Minuten in den auf 180° C vorgeheizten Backofen schieben, danach mit der Petersilie garnieren. Mit verschiedenen Salaten serviert, sind diese Kartoffelnester eine herzhafte Gaumenfreude.

Pilze im Kartoffelmantel

Wenn im Herbst die späten Kartoffeln geerntet werden, füllen auch die Pilzsucher ihre Körbe am schnellsten. Was liegt also näher, als ein deftiges Ragout aus frisch gesammelten Pilzen zusammen mit Kartoffeln frisch vom Feld zu einem Gericht zu kombinieren.

800 g mehligkochende Kartoffeln, Salz, Muskat, 1/4 Liter Milch, 2 Eigelb, 2 Eßlöffel Butter, 1 Zwiebel, 150 g mild gesalzener, leichtgeräucherter Bauchspeck, 500 g frische oder eine große Dose Pilze (Stockschwämme oder Mischpilze), 1 Eßlöffel feingeschnittene Kräuter, Paprika

Die Kartoffeln schälen, kochen, abschütten, durch eine Kartoffelpresse drücken und mit Salz und Muskat würzen. Mit Milch und Eigelb zu einer cremigen, nicht zu flüssigen Masse rühren. Dieses Püree gleichmäßig am Rand einer flachen Auflaufform verteilen. Sehr leicht gelingt Ihnen dies mit einer Spritztülle. In einer Pfanne die Butter schmelzen, die feingeschnittene Zwiebel glasig dünsten und anschließend den in dünne Streifen geschnittenen Speck darin auslassen. Die gewaschenen, geputzten und zerkleinerten Pilze (bei Dosenpilzen die Brühe abgießen) dazugeben und unter Schwenken erhitzen. Die gehackten Kräuter hinzufügen und das Ganze in den Kartoffelrand füllen. Das Püree mit Paprika bestreuen und sofort servieren!

Rösti

Die Ausbreitung der Kartoffel im 18. Jahrhundert veränderte auch in der Schweiz bald den Ackerbau, der bis dahin weitgehend vom Getreideanbau bestimmt war. Diese Veränderung brachte selbstverständlich auch eine Umstellung der Eßgewohnheiten mit sich. Die „pragleti Hardäpfel" aus der Basler Gegend, die „prötleti Herdäpfel" aus Zürich oder das „Röschti" aus Bern, um nur einige Bezeichnungen zu nennen, verdrängten das übliche Suppenfrühstück. Einem witzigen Ondit zufolge soll die Ehetauglichkeit der eidgenössischen Frauen an der Kunstfertigkeit ihrer Röstizubereitung zu messen sein.

1 kg Kartoffeln, 1/2 Zwiebel, 100 g Butter, Salz, Pfeffer, Edelsüßpaprika, 1 Eßlöffel Petersilie

Die Kartoffeln in der Schale nicht zu weich kochen, auskühlen lassen, danach pellen und mit einer groben Raspel reiben. Sollte keine Raspel vorhanden sein, die Kartoffeln in Streifen schneiden. Die Zwiebel sehr fein würfeln und in einer Stielpfanne, wenn möglich einer gußeisernen, in der zerlassenen Butter dünsten. Die geriebenen Kartoffeln mit Salz, Pfeffer und Paprika würzen und gleichmäßig in der Pfanne verteilen. Mit einer Bratschaufel das Ganze etwas andrücken und etwa 3–5 Minuten braten lassen, anschließend vorsichtig wenden und mit der anderen Seite genauso verfahren. Rösti müssen außen knusprig und innen saftig sein. Mit Petersilie bestreuen und heiß servieren.

Rösti sind die klassische Beilage zum bekannten Zürcher Geschnetzelten, passen aber ebenso zu allen anderen Soßengerichten.

Rumfordsuppe

Ob nun zur Sättigung der Armen in München oder der bayerischen Soldaten kreiert, jedenfalls ist ihr Erfinder, der 1753 in Massachusetts geborene Benjamin Thompson, für seine Verdienste 1791 zum Earl of Rumford erhoben worden. In Bayern machte er sich durch die Gründung von Arbeitshäusern, die Reform des Heeres, die Anlage des Englischen Gartens und eben durch diese nicht nur billige, sondern auch nahrhafte und leckere Suppe verdient.

200 g getrocknete gelbe Erbsen, 1,5 Liter Fleischbrühe, 150 g Suppengemüse (Lauch, Sellerie, Möhren), 250 g festkochende Kartoffeln, 30 g Gerstengraupen, 2 Scheiben Toastbrot, 30 g Butter, 50 g Bauchspeck, Muskat, Salz, 1 Teelöffel gehackter Kerbel

Die Erbsen über Nacht in der Fleischbrühe einweichen, dann zusammen mit dem kleingeschnittenen Gemüse darin weichkochen, in einem Mixer pürieren oder durch ein Sieb streichen. Die Kartoffeln schälen, in kleine Würfel schneiden, mit den Graupen in die pürierte Flüssigkeit geben und darin weichkochen. Das Toastbrot entrinden und in kleine Würfel schneiden. Die Butter in einer Pfanne schmelzen, den feingewürfelten Speck sowie die Brotwürfel hinzufügen und unter Schwenken allseitig anbräunen lassen. Die Suppe mit Salz und etwas Muskat würzen und portionsweise anrichten. Die Brotwürfel auf die Teller verteilen und zum Schluß den Kerbel darüberstreuen.

Safrankartoffeln

Die Geschichte der Kartoffel bei unseren französischen Nachbarn darf einen Mann nicht vergessen, der die Kartoffel hoffähig machte, indem er berühmte Leute, z. B. Benjamin Franklin, in sein Haus einlud und ihnen ganze Menüs servierte, deren Gänge ausschließlich aus Kartoffeln bestanden. Wir meinen den Apotheker Antoine Augustin Parmentier (1737–1813); ihm zu Ehren wurde die Kartoffel im Volksmund auch „parmentière" genannt. Ein Rezept aus dieser Zeit soll uns heute an diesen löblichen Mann erinnern.

2 kleine Lauchstangen, 1 Zwiebel, 2 kleine Fenchelknollen, 2 Eßlöffel Öl, 1 Eßlöffel Tomatenmark, etwas Wasser oder Brühe, 500 g festkochende Kartoffeln, 1 Briefchen Safranfäden, Knoblauch, etwas abgeriebene Orangenschale (ungespritzt), frisch gemahlener Pfeffer, Salz, 4 hartgekochte Eier, 2 Eßlöffel Petersilie

Lauch, Zwiebel und Fenchel waschen, in Streifen schneiden und in wenig Öl im Topf anschwitzen. Das Tomatenmark hinzufügen, mit wenig Wasser oder Brühe ablöschen, kurz aufkochen lassen. Die geschälten Kartoffeln, in Scheiben oder Würfel geschnitten, dazugeben und mit dem Safran, den anderen Gewürzen und ein wenig abgeriebener Orangenschale abschmecken. Nochmals etwas Flüssigkeit dazugeben, dann zugedeckt 10 Minuten ziehen lassen. Das restliche Wasser wird dann abgeschüttet. Das Gericht nun in eine eingefettete Auflaufform geben, bei 250°C garen, mit Eischeiben abdecken und mit feingehackter Petersilie bestreuen, heiß servieren.

Saure Kartoffelrädle mit Verlorenem Ei

Gekochten Kartoffelscheiben durch die Beigabe von Essig und getrockneten „Weinbeerle" einen süßsauren Geschmack zu verleihen, ist eine Spezialität der bayerischen und schwäbischen Küche.

600 g mehligkochende Kartoffeln, 60 g Schmalz, 1 Zwiebel, 80 g Mehl, 1/2 Liter Wasser, 1–2 Lorbeerblätter, 2 Nelken, 1 zerdrückte Pimentbeere, Kümmel, Salz, Essig nach Belieben, 50 g Rosinen. Verlorene Eier: 2 Liter Wasser, 1/4 Liter Essig, 4 Eier, 1 Teelöffel gehackter Schnittlauch

Kartoffeln in der Schale kochen und warmhalten. Das Schmalz in einem hochrandigen Topf erhitzen, die kleingeschnittene Zwiebel darin angehen lassen, das Mehl hinzufügen und das Ganze unter ständigem Rühren zimtbraun rösten, danach mit dem Wasser ablöschen. (Vorsicht! Es spritzt!) Mit einem Schneebesen gut durchrühren, Gewürze und Essig hinzugeben und 20 Minuten zugedeckt weiterköcheln lassen. Die gekochten Kartoffeln abpellen und in 1/2 cm dicke Scheiben schneiden. Die Soße durch ein Sieb passieren und die Kartoffelscheiben sowie die gewaschenen Rosinen hinzugeben. Alles nochmals kurz aufkochen lassen, danach warmstellen. Für die Verlorenen Eier das Wasser zusammen mit dem Essig zum Kochen bringen. Die Eier einzeln in einer kleinen Tasse aufschlagen, in das kochende Essigwasser gleiten und etwa 5–6 Minuten ziehen lassen. Die Kartoffeln in einer Schüssel anrichten, die abgetropften Eier daraufsetzen, mit feingehacktem Schnittlauch bestreuen und sofort servieren.

Schupfnudeln

Wenn sich Badener und Württemberger in vielen Punkten auch unterscheiden – einig sind sie sich in ihrer Vorliebe für Schupfnudeln oder Schupfwärgel. Es wäre aber vermessen zu behaupten, nur in Baden-Württemberg gebe es eine solche herrliche Kartoffelspezialität, denn auch bei Hessen und Pfälzern erfreuen sich die Buwespitzle, wie die Schupfnudeln dort genannt werden, großer Beliebtheit. Es handelt sich in allen Fällen um einen Kartoffelteig, der so geformt wird, daß kleine Würstchen mit spitz zulaufenden Enden entstehen.

1 kg mehligkochende Kartoffeln, Salz, Muskatnuß, 1 Ei, 4–6 gehäufte Eßlöffel Mehl, reichlich gesalzenes Wasser, 1–2 Eßlöffel Schmalz oder Griebenfett

Kartoffeln tags zuvor in der Schale kochen, abpellen und auskühlen lassen. Am folgenden Tag reiben, mit Salz und Muskat würzen und zusammen mit dem Ei und dem Mehl zu einem Teig kneten, der erst dann fertig ist, wenn er nicht mehr an der Hand kleben bleibt. Mit den Fingern kleine Fetzen aus dem Teig zupfen und durch beide Handflächen rollen, bis sie an den Enden spitz zulaufen. Nach dem Ausformen sofort in reichlich siedendes Salzwasser legen und so lange garziehen lassen, bis sie an die Wasseroberfläche steigen. Sie können dann herausgenommen werden und sollten gut abtropfen. Schmalz oder Griebenfett erhitzen und darin die Schupfnudeln auf beiden Seiten anbraten. Zusammen mit Sauerkraut und Schäufele (angeräucherte Schweineschulter) oder Bratwurst stellen die Schupfnudeln eine typisch süddeutsche Spezialität dar.

Steirischer Kartoffelstrudel

In der Steiermark ißt man gerne herzhaft. Die Fleischtöpfe, z. B. das „steirische Schweinerne" oder das „steirische Schöpserne", bleiben jedem Gast des Landes unvergeßlich. Ein Kartoffelstrudel auf steirische Art ist die beste Beilage zu Fleischgerichten, wenn man die guten Soßen bis zum letzten Tropfen genießen will.

700 g mehligkochende Kartoffeln, 3 Eigelb,
100 g Mehl, Salz, Muskat, Pfeffer,
150 g Blattspinat, etwas Butter, 1/2 Zwiebel,
150 g Speck, 150 g Schinken,
1–2 Eßlöffel Semmelbrösel

Die Kartoffeln schälen, in Salzwasser garkochen, abschütten, gut ausdampfen lassen und mit einer Kartoffelpresse zerdrücken. Die 3 Eigelb, das Mehl und die Gewürze hinzufügen und mit einem Holzlöffel zu einer geschmeidigen Masse verarbeiten. Den Spinat putzen, kurz mit heißem Wasser überbrühen und sofort wieder kalt abschrecken, kleinschneiden. Butter in einer Pfanne schmelzen, darin die in feine Würfel geschnittene Zwiebel andünsten, Speck und Schinken in Würfeln hinzufügen, durchschwenken und den Spinat, mit etwas Salz und Muskat gewürzt, ebenfalls 3–4 Minuten mitdünsten. Ein frisches Küchentuch anfeuchten, ausbreiten und darauf die Kartoffelmasse ca. 1 cm dick, möglichst rechteckig, ausrollen. Mit den Semmelbröseln bestreuen und die Spinat-, Zwiebel- und Speckfüllung gleichmäßig darauf verteilen. Das Ganze zu einer Rolle formen, das Tuch an den Enden mit einem Faden zubinden und die ganze Rolle umwickeln. In reichlich Salzwasser je nach Durchmesser der Rolle 15–25 Minuten bei 95°C ziehen lassen. Aus dem Wasser herausnehmen, den fertigen Strudel aus dem Tuch rollen und in 1 cm dicke Scheiben schneiden.

Straßburger Heringskartoffeln

Mit Fisch hat man sich von jeher durch die fleischlose Fastenzeit geholfen, und die Kartoffel paßt ja auch gut in diesen Speiseplan. Selbst wenn man die Fastengebote noch nach alter strenger Sitte einhalten will – bei den Straßburger Heringskartoffeln kann man glatt vergessen, daß man fastet, so gut schmecken sie.

3 kleine Zwiebeln, etwa 200 g Butter, 50 g Mehl, 1/2 Liter Milch, 600 g Kartoffeln, 4 Heringe, 100 g Semmelbrösel

Die Zwiebeln in feine Streifen schneiden und in 125 g Butter andünsten. Separat 60 g Butter schmelzen, das Mehl hineinrühren und mit der auf 80°C vorgewärmten Milch ablöschen. Unter ständigem Rühren 10 Minuten köcheln lassen, dann zu den Zwiebeln geben und das Ganze durch ein Sieb streichen. Die Kartoffeln waschen und kochen, schälen und in möglichst dünne Scheiben schneiden. Die Heringe enthäutet und filiert in Streifen schneiden und mit den Kartoffeln vermengen. Eine Auflaufform ausbuttern und mit der Hälfte der Semmelbrösel ausstreuen. Die Hälfte der Kartoffel-Hering-Mischung in der Form verteilen, darüber die Hälfte der Soße geben, mit dem Rest der Mischung auffüllen und abschließend die verbliebene Soße über das Ganze gießen. Den Rest der Semmelbrösel darüberstreuen, so daß alles gut bedeckt ist, einige Butterflocken daraufsetzen und im vorgewärmten Backofen bei 150°C 20–30 Minuten ziehen lassen. Das Gericht sollte nicht kochen. Zusammen mit Gemüsen Ihrer Wahl servieren.

ALSAC
Léon
PINO
BLANC DE BL
1982

Tessiner Kartoffeln

Der südlichste Kanton der Schweiz, das Tessin, ist durch sein mildes Klima besonders begünstigt. Hier findet sich eine prächtige und üppige Vielfalt landwirtschaftlicher Erzeugnisse. Berühmt sind vor allem Obst und Wein. Daß die Kartoffel schon bald nach ihrer Einführung in Europa ins fruchtbare Tessin gelangte, liegt vermutlich an den ausgewanderten Waldensern, die sie im 17. Jahrhundert aus Italien mitbrachten, um sie in ihrer neuen Heimat rund um den Luganer See anzubauen.

8 gleich große festkochende Kartoffeln, Butter zum Einfetten, Salz, Kümmel, 100 g Raclettekäse

Die geschälten Kartoffeln mit dem Messer so einschneiden, daß eine Art Fächer entsteht. Vorsichtig vorgehen – die Kartoffeln dürfen nicht auseinanderfallen. Am besten gelingt es Ihnen, wenn die Kartoffel in einen tiefen Eßlöffel gelegt und mit dem Messer jeweils bis zum Löffelrand durchschnitten wird. Eine ofenfeste Pfanne, in der 8 Kartoffeln nebeneinander Platz finden, gut ausfetten und die Kartoffeln mit der eingeschnittenen Seite nach oben einsetzen, leicht salzen und je nach Geschmack mit Kümmel würzen. In den vorgewärmten Backofen schieben und bei 200°C etwa 40 Minuten garen. Dabei öffnen sich die einzelnen Einschnitte in den Kartoffeln. Den in Streifen geschnittenen Käse gleichmäßig auf den Kartoffeln verteilen. Das Ganze nochmals für 10 Minuten in den Backofen schieben, damit der Käse schmelzen und dabei leicht bräunen kann.

Zum Tessiner Kartoffelgericht schmecken vorzüglich alle Arten von Rohkostsalaten.

Thüringer Kartoffelklöße

Unter den Kartoffelklößen nehmen die Thüringer Klöße eine besondere Stellung ein. Sie sind das sozusagen klassische Vorbild für alle Klöße, die aus rohen Kartoffeln hergestellt werden. Das gute Gelingen hängt weitestgehend von der Höhe des Stärkeanteils der Kartoffeln ab. Deshalb verwenden Sie für solche Klöße eine mehligkochende Kartoffelsorte.

1 kg Kartoffeln, 1/8 Liter Milch, 40 g Grieß, Salz, Muskat, pro Kloß 3–5 Semmelwürfel

Die rohen Kartoffeln schälen und auf einer Kartoffelreibe in eine Schüssel mit Wasser (etwa 2 Liter) reiben. Durch diesen Trick vermeidet man das unansehnliche Andunkeln der Kartoffeln. Danach das Wasser vorsichtig abgießen. Die Kartoffelmasse mit einem Tuch gut ausdrücken, die gewonnene Flüssigkeit in einer Schüssel auffangen. Dieses Wasser läßt man eine Weile stehen, bis sich die Stärke am Boden abgesetzt hat. Die Stärke dann zu den ausgedrückten Kartoffeln geben. Aus Milch und Grieß einen Brei kochen und anschließend zusammen mit Salz und Muskat zur Kartoffelmasse geben. Das Ganze mit einem Holzlöffel zu einer homogenen Masse verarbeiten. Mit angefeuchteten Händen 8 gleich große Klöße formen und in jeden einige geröstete Semmelwürfel hineindrücken. Die Klöße gleichmäßig abrunden und in leicht kochendes Wasser geben, 30 Minuten ziehen lassen. – Vorsicht, das Wasser darf nicht kräftig aufwallen, da sonst die Klöße auseinanderbrechen!

Thüringer Kartoffelklöße bilden die ideale Beilage zu Wild-, Gans-, Enten-, Schweine- oder Rinderbraten. Und nicht vergessen: Solche Klöße verdienen reichlich Soße.

Überbackene Kartoffelscheiben

Ein gutes Rezept für den Alltag beruht meist auf zwei Dingen: Die Zutaten sind preiswert, die Zubereitung erfordert nur wenige Handgriffe. Dieser Kartoffelgratin, so die klassische Bezeichnung, erfüllt beide Bedingungen in nahezu idealer Form.

1 kg festkochende Kartoffeln,
1/8–1/4 Liter Milch, Salz, Muskat,
1/2 Teelöffel Kümmel, 2 Eßlöffel Butter,
1 Knoblauchzehe, ca. 1/8 Liter Sahne,
100 g geriebener Käse (herzhafte Sorte, jedoch nicht unter 45 % Fett),
etwas edelsüßer Paprika

Die Kartoffeln waschen, schälen und in dünne Scheiben schneiden. Die Milch in einem Topf erhitzen und die Kartoffelscheiben darin 15 Minuten zugedeckt ziehen lassen, mit Salz, Muskat und Kümmel würzen. Die Butter mit der zerdrückten Knoblauchzehe vermengen und eine feuerfeste Auflaufform damit ausfetten. Nun die Kartoffelscheiben in die Form schichten, mit Milch und Sahne anfüllen und in den auf 200° C vorgeheizten Backofen schieben. Das Gericht so lange darin lassen, bis die Kartoffelscheiben ganz weich sind. Nun den geriebenen Käse über die Kartoffeln verteilen und das Ganze mit einem Paprikahauch überziehen. Die Form nochmals in den Backofen stellen, jedoch nur noch mit der höchsten Oberhitzestufe, bis sich eine goldgelbe Kruste gebildet hat. Entweder als leichtes Hauptgericht mit einem frischen Salat als Beilage servieren oder zu einem pikanten Steak oder anderem kurzgebratenen Fleisch.

Dieses Rezept stammt aus einer Zeit, in der noch das gemeinsame Mahl aus einer Schüssel als Ausdruck besonderer Zusammengehörigkeit galt. Bot der Hausherr einem Fremden die Teilnahme an der Mahlzeit aus der gemeinsamen Schüssel an, so galt dieser damit als in die Familie aufgenommen und war des besonderen Schutzes dieser Gemeinschaft sicher.

*8 Schweinemedaillons à 60 g, Pfeffer,
100 g Butter, 600 g Kartoffeln, Salz,
Muskat, 2 Eier, 1/10 Liter Sahne,
1 Teelöffel Madrascurry,
1/10 Liter geschlagene Sahne*

Die Schweinemedaillons leicht flachdrücken, mit Pfeffer würzen, beidseitig in etwas Butter anbraten und ziehen lassen, dabei nicht durchbraten. Die Medaillons herausnehmen und warmstellen. Die Kartoffeln schälen, reiben, die restliche Butter zum Bratsatz geben und die Kartoffeln darin bei geringer Hitze leicht anbraten. Häufig wenden, damit sie gleichmäßig garen. Mit Pfeffer, Salz und Muskat würzen. Die Eier verquirlen und mit Sahne und Curry vermischen. Die Kartoffeln kurz vor dem Garwerden damit übergießen, die Medaillons auf den Kartoffeln verteilen und alles im auf 180° C vorgeheizten Backofen belassen, bis die Kartoffelmasse stockt. Darauf die geschlagene Sahne und eventuell etwas Curry geben. Sofort servieren. Junges Gartengemüse, in Butter gedünstet, schmeckt herrlich dazu.

Zürcher Ratsherrentopf

Die Schweizer Küche ist nicht zuletzt wegen ihrer Vorliebe fürs „Reelle" in aller Welt geschätzt.

1 Kalbshirn, 300 g Kalbsbries, 1/2 Zwiebel, 2 Nelken, 1 Lorbeerblatt, 750 g festkochende Kartoffeln, 75 g Butter, 300 g Erbsen (frisch oder tiefgefroren), 250 g Möhren, 1 Eßlöffel gehackte Petersilie, 50 g Frühstücksspeck, 1 Eßlöffel Mehl, Salz, 1 Eßlöffel Kräuter der Provence, 4 rohe Brat- oder grobe Schweinswürste, 2 Kalbsschnitzel, 2 kleine Rinderfiletscheiben

Kalbshirn und -bries wässern und häuten, in kaltem Wasser ansetzen, Zwiebelhälfte sowie Nelken und Lorbeerblatt beigeben und ca. 15 Minuten ziehen lassen. Die geschälten und gewürfelten Kartoffeln in Butter bräunen, danach mit etwas Wasser angießen und garen lassen. Die Erbsen und gewürfelten Möhren ebenfalls in wenig Salzwasser garen. Inzwischen eine Servierschüssel warmstellen, die Kartoffeln hineingeben, darauf die zuvor abgegossenen Möhren und Erbsen schichten und darüber dann die Petersilie verteilen. Den Frühstücksspeck würfeln, leicht anbraten und daraufgeben. Das Mehl mit ein wenig Salz und den Kräutern der Provence gut durchmischen, darin die in 4 Stücke geschnittenen Hirnscheiben und das Bries sowie die Schweinswürste und Kalbsschnitzel wenden und alles dann in der Speckpfanne in reichlich Butter braten, danach in der Servierschüssel verteilen. Die Rinderfilets braten und als Abschluß daraufsetzen. Den Bratensaft mit etwas Gemüsesaft ablöschen, loskochen, gegebenenfalls würzen und über das fertige Gericht gießen. Sofort servieren.

Die Rezepte nach Gruppen

Soweit in den Rezepten nichts anderes vermerkt ist,
sind die Zutaten für vier Personen berechnet.

Suppen und Zwischengerichte

Alloo Madarasi 56
Bayerische Kartoffelsuppe 62
Cremesuppe Vichysoise 72
Elsässer Kartoffelsuppe 76
Maultaschen aus der Schmankerlküche 148
Rumfordsuppe 180
Saure Kartoffelrädle mit Verlorenem Ei 184

Eintöpfe und Aufläufe

Blindhuhn 66
Cornish Pie 70
Fischauflauf 80
Gaisburger Marsch 86
Grimsby bake 96
Irish Stew 108
Labskaus 144
Moussaka 152
Navarin 154
Oberschlesischer Kartoffel-Sauerkraut-Topf Bigosch 156
Peruanischer Kartoffeltopf Nah-oatli 168
Pichelsteiner 172

Fleischgerichte

Cornish Pie 70
Gefüllte Kartoffeln 88
Gefülltes Schmorsteak Burgenland 90
Heuberger Kartoffelrolle 100
Irish Stew 108
Kartoffel-Topfkuchen 134
Kartoffelwurst 136
Labskaus 144
Moussaka 152
Navarin 154
Bigosch 156
Nah-oatli 168
Pikante Kartoffelnester 174
Zürcher Ratsherrentopf 200

Fischgerichte

Bunter Heringssalat 68
Fischauflauf 80
Fischspieße im Kartoffelbeet 82
Grimsby bake 96
Labskaus 144
Straßburger Heringskartoffeln 190

Gerichte mit Gemüse, Käse, Kräutern, Pilzen und Schinken

Alemannische Kartoffelpastete 52
Ardenner Kartoffeln 58
Florentiner Kartoffeln 84
Gnocchi al piemontese 94
Kartoffel-Brioche 112
Kartoffel-Cordon-bleu 114
Kartoffeln in der Folie gegart 122
Kartoffeln nach Art der Hausfrau 124
Kartoffel-Schinken-Topf 128
Käsekartoffeln 140
Kümmelkartoffeln 142
Mirette-Kartoffeln 150
Ofenguck 160
Ofenkartoffeln 162
Petaton 170
Pikante Kartoffelnester 174
Pilze im Kartoffelmantel 176
Safrankartoffeln 182

Steirischer Kartoffelstrudel 188
Tessiner Kartoffeln 192
Überbackene Kartoffelscheiben 196

Herzhaftes aus Pfanne und Backofen

Allgäuer Sennerklöße 54
Ardenner Kartoffeln 58
Bauernomelett 60
Gefüllte Kartoffeln 88
Gefülltes Schmorsteak Burgenland 90
Hoppel Poppel 102
Irischer Reibekuchen 106
Kartoffel-Schinken-Topf 128
Kartoffel-Topfkuchen 134
Rösti 178
Überbackene Kartoffelscheiben 196
Urner Röstipfanne 198

Besondere Kartoffelbeilagen

Birnenkartoffeln 64
Dauphinkartoffeln 74
Herzoginkartoffeln 98
Kartoffeln auf Lyoner Art 120
Kartoffel-Paprikasch 126
Kartoffelspätzle 132
Kümmelkartoffeln 142
O'Brien-Kartoffeln 158
Olivenkartoffeln in Minzebutter 164
Schupfnudeln 186
Thüringer Kartoffelklöße 194

Salate

Bunter Heringssalat 68
Husumer Kartoffelsalat 104
Italienischer Salat 110

Desserts, Kuchen und Pasteten

Alemannische Kartoffelpastete 52
Erdbeerklöße in Zimtbutter 78
Geschichtete Kartoffeltorte 92
Kartoffel-Crêpes 116
Kartoffelkuchen 118
Kartoffel-Soufflé 130
Kartoffel-Topfkuchen 134
Kartoffel-Zwetschgen-Schnitte 138
Lappenpickert 146
Maultaschen aus der Schmankerlküche 148
Petaton 170

Alemannische Kartoffelpastete 52
Allgäuer Sennerklöße 54
Alloo Madarasi 56
Ardenner Kartoffeln 58

Bauernomelett 60
Bayerische Kartoffelsuppe 62
Bigosch, oberschlesischer 156
Birnenkartoffeln 64
Bismarck-Ragout 172
Blindhuhn 66
Bunter Heringssalat 68

Cordon-bleu, Kartoffel-Cordon-bleu 114
Cornish Pie 70
Cremesuppe Vichysoise 72
Crêpes, Kartoffel-Crêpes 116

Dauphinkartoffeln 74

Elsässer Kartoffelsuppe 76
Erdbeerklöße in Zimtbutter 78

Fischauflauf 80
Fischspieße im Kartoffelbeet 82
Florentiner Kartoffeln 84

Gaisburger Marsch 86
Gefüllte Kartoffeln 88
Gefülltes Schmorsteak Burgenland 90
Geschichtete Kartoffeltorte 92
Gnocchi al piemontese 94
Grimsby bake 96

Heringskartoffeln, Straßburger 190
Heringssalat, bunter 68
Herzoginkartoffeln 98
Heuberger Kartoffelrolle 100
Hoppel Poppel 102
Husumer Kartoffelsalat 104

Irischer Reibekuchen 106
Irish Stew 108
Italienischer Salat 110

Kartoffel-Brioche 112
Kartoffel-Cordon-bleu 114
Kartoffel-Crêpes 116
Kartoffelkuchen 118
Kartoffeln auf Lyoner Art 120
Kartoffeln in der Folie gegart 122
Kartoffelklöße, Thüringer 194
Kartoffeln nach Art der Hausfrau 124
Kartoffelnester, pikante 174
Kartoffel-Paprikasch 126
Kartoffelpastete, alemannische 52
Kartoffelrädle, saure 184
Kartoffelrolle, Heuberger 100
Kartoffelsalat, Husumer 104
Kartoffelscheiben, überbackene 196
Kartoffel-Schinken-Topf 128
Kartoffel-Soufflé 130
Kartoffelspätzle 132
Kartoffelstrudel, steirischer 188
Kartoffelsuppe, bayerische 62
– Elsässer 76
Kartoffel-Topfkuchen 134
Kartoffeltorte, geschichtete 92
Kartoffelwurst 136
Kartoffel-Zwetschgen-Schnitte 138
Käsekartoffeln 140
Klöße, Erdbeerklöße in Zimtbutter 78
– Allgäuer Sennerklöße 54
Kümmelkartoffeln 142

Labskaus 144
Lappenpickert 146
Lyoner Kartoffeln 120

Maultaschen aus der Schmankerlküche 148
Mirette-Kartoffeln 150
Moussaka 152

Nah-oatli, peruanischer Kartoffeltopf 168
Navarin 154

Oberschlesischer Kartoffel-Sauerkraut-Topf Bigosch 156
O'Brien-Kartoffeln 158

Ofenguck 160
Ofenkartoffeln 162
Olivenkartoffeln in Minzebutter 164

Paprikasch, Kartoffel-Paprikasch 126
Pellkartoffeln mit Kräuterquark 166
Peruanischer Kartoffeltopf Nah-oatli 168
Petaton 170
Pichelsteiner 172
Pie, Cornish Pie 70
Pickert, Lappenpickert 146
Pikante Kartoffelnester 174
Pilze im Kartoffelmantel 176

Quark, Pellkartoffeln mit Kräuterquark 166

Ratsherrentopf, Zürcher 200
Reibekuchen, irischer 106
Rösti 178
Röstipfanne, Urner 198
Rumfordsuppe 180

Safrankartoffeln 182
Salat, italienischer 110
Sauerkraut-Topf Bigosch, oberschlesischer 156
Saure Kartoffelrädle mit Verlorenem Ei 184
Schmorsteak, gefülltes 90
Schupfnudeln 186
Sennerklöße, Allgäuer 54
Soufflé, Kartoffel-Soufflé 130
Spätzle, Kartoffelspätzle 132
Steirischer Kartoffelstrudel 188
Straßburger Heringskartoffeln 190

Tessiner Kartoffeln 192
Thüringer Kartoffelklöße 194
Topfkuchen, Kartoffel-Topfkuchen 134

Überbackene Kartoffelscheiben 196
Urner Röstipfanne 198

Vichysoise, Cremesuppe 72
Wurst, Kartoffelwurst 136

Zürcher Ratsherrentopf 200
Zwetschgen, Kartoffel-Zwetschgen-Schnitte 138

Bildquellen

agrar-press: 30/31 (4), 34/35 (3)
Hans Joachim Döbbelin: 42
IMA, Hannover: 20, 23
Antje Kelm: 8/9 Hauptbild, l. u. und r. M.
KTBL, Dethlingen: 18, 19, 21 (2), 25 o. r., 48, 50/51
Pfanni-Werke, München: 5, 11, 12, 13, 14/15 (3), 17, 25 o. l., 27 o., 37, 39, 43, 44, 45, 46/47
Andreas Rister: 8/9 l. o. und r. u.
Sirius Bildarchiv/Döbbelin: 2, 52–201
Verlagsarchiv: 6/7 (4), 27 u., 29

Der Abdruck der Zeichnung von Heinrich Zille auf Seite 25 unten erfolgt mit freundlicher Genehmigung der Heinrich-Zille-Stiftung, Bremervörde.